SHODENSHA SHINSHO

交わらないから面白い

韓の常識

恵司

祥伝社新書

はじめに

本書は、嫌韓本でもなければ、嫌韓本に眉を顰《しか》めてみせる良心派本でもない。いまさらながらだが、韓国の社会は日本の社会とは文化も歴史、暮らし方もまったく違う社会だ。そのことを学校や食、旅といった身近な事柄からひもとき、日韓の間に起きたさまざまな出来事を題材に、韓国社会の価値観と、その裏面である消えない「反日情緒」を説明することで、私たちが韓国社会にイライラするより、適当な距離感を保つようにすることをお勧めする本だ。それが、氷河期の中で迎えた正常化五十年の教訓だろう。

とても近い隣国だから、いろいろな話が伝わりやすいだけに余計、誤解しやすい面がある。韓国社会は旧日本軍慰安婦問題で、韓国民みんなが憤怒の塊《かたまり》になっていると思っている人も多いが、そうさせたいのは、一部の人たちだけだ。ごく普通の人たちまでが本当に怒っていたら、日本大使館は毎日、何万人ものデモ隊に囲まれている。韓国人の反日の情緒と日々の暮らしは別で、「行ってみたら意外と親切だった」と、みんなが口をそろえて帰ってくる。だからと言って、まるっきり親日であるわけでもない。

旧日本軍慰安婦だけでなく、朝鮮半島の女性はずっと、強者に翻弄されてきた。それは歴代王朝であり、中国であり、解放以後は米軍であり、自分たちの政府でもあった。それを長々と本書で説明したのは、そうした消えない痛みを利用していま、「反日の情緒」を焚《た》きつけ、自分たちの存在感を誇示してきた人たちは、どんな人たちで、どんな目的があるのか、私なりに考えていたからだ。あわせて、この人たちの行動と主張が力を持つようになるのに、日本の職業的「良心派」知識人の果たした役割はとても大きいと思う。

日本国内で、旧日本軍慰安婦問題を煽《あお》り立てた人々を辿《たど》っていくと、反米の立場から日韓国交正常化に反対し、朴正熙《パクチョンヒ》政権打倒を叫び、北朝鮮・金王朝体制を賛美し、妓生《キーセン》観光を糾弾した流れと重なっているように見える。韓国内でも日本でも、こうした運動や主張にからむ人たちはどこか、日本と韓国は、別々の人たちが暮らしている、別の社会だという至極当たり前の認識が抜けているのではないかという気がする。過去にさんざん韓国を罵倒した人たちをいま、良心的日本人と祭り上げる韓国マスコミには恐れ入るしかないが、韓国社会には、過去と現在をきちんと区切るよりは、都合よく結びつけがちなところがあるようだ。

日本と韓国は同盟国ではない。また、どのような形でも同盟国になるべきではない。強《し》いて管鮑《かんぽう》の交《まじ》わりを求めず、お互いが「腹六分目」あたりのおだやかな間柄で満足することが、おかしな「良心派」や「嫌韓派」の跋扈《ばっこ》を防ぐ最良の方策だと思う。本書を読んでいただければ私の考えにきっとうなずいてくれると思う。

二〇一六年六月

前川恵司《まえかわけいじ》

目次

目次

1

日本の子どもが知らない、百万ウォンの児童会役員選挙戦

「いただきます」がない給食風景

日本と韓国では、似ていることが多い。教育制度もそうだ。初等学校（小学校）六年、中学三年、高校三年、普通の大学が四年と学制は同じだ。国が違うのだから、みんなが同じであるはずはない。以《に》て非《ひ》なるのはどんなところかと、韓国の地方公務員の知人に尋ねると、こう教えてくれた。

「日本の小学校にあるウサギやニワトリの飼育小屋は、韓国の小学校にはありませんね。うんと田舎にいけば、ヤギなどを飼っている小学校があるでしょうが……」

同級生より早く登校して、ウサギに餌《えさ》をあげ、小屋を掃除する飼育当番の思い出が、ほとんどの韓国の子どもたちにはないのだ。もっとも、学校で動物の飼育体験をさせるような国のほうが、世界では稀《まれ》かもしれない。

そもそも、日本の小学校に必ず飼育小屋があるのはどうしてなのか。東京の渋谷区教育委員会に聞いてみた。

「命の大切さを子供たちに教えるためです。飼育小屋だけでなく、教室の片隅に置いた水槽でザリガニや金魚、メダカなどを育てているのも、命を大切にする、されることを子どもたちに伝える実践のひとつです。子どもたちが花に水をあげている教室が当たり前で、生き物を子供たちが育てていない小学校は、日本にはありません」

次に、知人が気づいていたのはこんなことだった。

「韓国では給食が全国の小学校に普及したのは、いま大学四年のうちの子どもが小学校に入学した十六年前。日本よりずっと歴史が浅いです。日本は給食を教室で食べますが、韓国では校内食堂に行って食べます。特に田舎の学校ほどそうです」

教室で食べるのは、教室に余裕がないソウルなどの一部の学校だけで、ほとんどの学校では、子どもたちは、食堂で給食おばさんからトレーに盛ってもらい、テーブルで食べる。日本のように、配膳係の子供が学級全員に配り終えるまで待って、「いただきます」と声を合わせて食べ始めたりはしない。配り終えるのを待っていたら、給食が冷えてしまうからだそうだ。

それなりの理屈だろうが、もらった順に食べ、終われば自分で片づけておしまい。どこか社員食堂のようだ。全員での「ごちそうさま」もなし。お腹を一杯にすればよい韓国と、礼儀とクラスの仲間意識を重視する日本。そこは相当な違いだ。

どうしていまでも日本では教室での給食にこだわるのか。理由を、渋谷区教育委員会に尋ねた。

「担任の先生が、登校した時から下校するまで児童を指導する。それが、日本の初等教育の原則だからです。給食には、食育面や好き嫌いをなくすだけでなく、社会性のある食事マナーを身につけさせる狙いがあります。食事中に教室を立ち歩かないとか、きれいに食べるとか。給食の時に食事マナーを守らない子供が増えると、教室全体が荒れていく傾向があることが分かっています」

韓国の教師の間では、教室より食堂での給食のほうが好まれているとの研究結果もある。給食指導がない分、教師の負担は少なくなるからだ。給食を教室でする学校の先生の中には、教壇で子どもたちの様子を見たり、話し相手になって食べるのが嫌で、後ろの席で児童の背中を見ながら食べる教師もいるそうだ。給食が始まるや、ドロンする先生も稀《まれ》にいる。こうなると、給食風景の違いには、教育への先生の考え方の違いがあるということになる。

韓国では、一九九〇年代初期までは給食がある学校が圧倒的に少なかった。それが、共稼ぎ家庭の急増などに加えて、一九九七年に韓国経済が破綻し、国際通貨基金（IMF）の救援を受けた、二〇〇一年までの経済危機以来、困窮した家庭の子どもの食を維持するために急速に拡大した。そのため、学校の給食を知らないで育った教師もたくさんいる。それも給食への冷淡さやバラバラの指導姿勢の遠因だろう。

教室が汚れるからと、教室での給食に反対する教師もいる。そういえば、教室の掃除でも違いがあるのだろうか。

「小学校では放課後の教室掃除を児童に任せるのは、三年生以上だったのです。一年、二年の間は、父兄が交代でしました」

と、先の知人が教えてくれた。日本では、一、二年生の掃除当番を父兄が代わりにしているという話は聞いたことがない。

「教室をきれいにする目的だけなら、韓国のやり方が効率的です。低学年の児童がいくら一生懸命やっても限界があります。先生が後からやり直すことも多いですよ。それでも掃除は、自分たち自身で教室をきれいにし、みんなの机を拭《ふ》き、大事にする習慣をつけさせる、教育現場での基本的な躾《しつけ》のひとつですから、父兄にやってもらうわけにはいかないのです」

渋谷区教育委員会はそう説明すると、こう付け加えた。

「中国では、掃除業者が教室を掃除し、児童はしないようです。お国、お国ですね」

渋谷区教育委員会の担当者は力説する。

「給食の配膳にしても、低学年では児童にさせるより教職員がやるほうが手っ取り早いです。運ぶ途中に児童がスープをこぼしたり、食缶ごと転んだりもなくなります。でも、そこを子どもたちにさせるのが学校教育ではないでしょうか」

日本の区立学校に子供を通わせていた韓国の駐在員に、日本の学校の印象を尋ねた。日本の小学生が一様にランドセルを背負い、同じ交通安全帽をかぶって集団登校する姿に驚いたそうだ。同じ帽子をかぶっての登下校は、文字通り人目につくようにする安全対策からだが、集団登校そのものをソウルでは見かけない。新学期から二カ月ぐらいの間は、校門の前まで父兄が迎えに行く。そこに先生に連れられた子供がやってきて父兄と一緒に帰る。共稼ぎ家庭では送り迎えも相当な負担だ。で、自然に近所同士の親が組んで交代で迎えに行くようになることが多い。

この人は、息子に英語を身につけさせようと、都内のインターナショナルスクールに転校させた。その時にまた驚いた。

「インターナショナルスクールでは、服装も体操着もカバンもみんな自由だから好きな格好で通ってきなさいと言われた。それなのに、うちの子は学用品でさえ、みんなが一番使っているものを探して、選んでいたのです」

韓国でよく言われる「日本式集団主義」に、わが子がすっかり染まっていたのがショックだったそうだ。

ランドセルは軍国主義の残滓

ランドセルと言えば、こんな記事が二〇一五年六月に韓国の一流紙のひとつ、朝鮮《チョソン》日報《イルボ》のコラム「記者の視角」に載《の》った。見出しは、「傍らの日本軍国主義の残滓《ざんし》」。書いた記者は、わきの顔写真から見て、三〇代前半のようだった。主旨は、

「ランドセルは日本の軍国主義の象徴だから、背負っている日本の子どもを見ると心中が穏やかでなくなる。なのに、韓国のテレビコーマシャルで子どもがランドセルを

背負ったシーンが登場した。とんでもないことだ。こうしたことが起きるのは、自分たちの生活の中にまだ日本軍国主義の残滓があるからだ。けしからん」

日本では、このごろのランドセルは高すぎると不満の親はいても、軍国主義を重ねる親はまずいない。ランドセルは、教科書から筆箱まで何でも入れることができ、丈夫で六年間使え、そのうえ背負うから通学の時も両手が自由。傘もさせるし、転んだ時にも安全な「優《すぐ》れもの」でしかない。

たしか二〇一五年の春ごろからだったろう、都内のランドセル店に訪日観光客が買いに来るようになった。ランドセルを背負った姿のモデルがパリのファッションショーで登場したことからだった。日本の漫画に盛んに登場するランドセルでの通学姿がデザイナーのヒントになったそうだ。さらに、米国のセレブ人気女優、ズーイー・デシャネルさんが赤いランドセルを愛用していたことで、ランドセル人気が大ブレイク。形がすっきりしていて、色も多彩でファッショナブルなランドセルが一躍、「クールジャパン」の流行《はや》りもののひとつになった話は有名だ。

朝鮮日報の記者がやり玉に挙げたテレビコマーシャルにしても、そんな話題性から、ランドセルが登場しただけだろう。それを日本の軍国主義の残滓と決めつけてカンカンになるのは、無粋《ぶすい》の極《きわ》みだ。日本に留学経験がある、ソウルの三児の母に、ランドセル排斥の記事について話すと、呆《あき》れ顔でこう言ったものだ。

「韓国人がすぐ日帝、日帝というのは困ったものなのよ。マスコミはなんでも反日にからませたがるけど一九八〇年代ぐらいまで、校章入りの高価なランドセルを子供たちに使わせていた有名私立小学校がソウルにあったはずよ。一種のステータスシンボルだったけど、使わなくなったのは、ブランドもののカバンがたくさん出回るようになって、そっちがステータスシンボルになったからよ。ところで、今はソウルでも、低学年の掃除は子どもたちが慣れた時点で親にさせないようにしている学校が増えているわ。昔とはだんだん違っていくのは、当たり前のことだけど」

雄弁塾といじめ留学

日本の子どもたちが体験しない、韓国の子供たちの世界を二〇一五年八月の韓国紙文化日報《ムファンイルボ》が報じた。「選挙費用百万ウォン（約十万円）が基本」という記事だ。大人の選挙のことではない。

「ソウル市内の富裕家庭が多い江南《カンナム》地区の子供スピーチ塾には、小学校の児童会選挙向けの『役員選挙スピーチ』コースがある。一時間当たりの講習料が八万から十二万ウォン。講習は四回から六回。このコースを受けた子どもの演説が対立候補と同じ内容になるのを防ぐため、受講者は一小学校に一人と絞っている。塾側は『学校内の問題や対立候補などを綿密に分析し、選挙演説の作成から選挙運動全般の戦略も提案し、カメラリハーサルなどもしている』という。選挙用ポスターを請《う》け負《お》う写真館の料金は三十五万ウォンだ。写真館では信頼感を与えるヘアスタイルやメイクをして、撮影する。そんなことから児童会選挙に多額のカネがかかっている」

「雄弁塾」とか「スピーチ学院」の看板は、日本ではお目にかからない。ソウルには、昔からピアノ教室並みにあって、小学校入学前後の子どもが通っている。そんな塾に高額な「児童会選挙コース」までできていたようだ。

雄弁塾のサイトのひとつを覗くと、小学校低学年向けの「週一回二時間計七回コース」を宣伝していた。こんな謳《うた》い文句だった。

「スピーチを通じ、発表の楽しさを子供に持たせます。他人の前で自分の考えをはっきりと述べたことを、相手が受け入れるプロセスを通じ、子供たちに自信と積極性、大胆さを与えます。スピーチ訓練を通じ、子どもが多様な考えを持ち、その考えを表現できるようになります」

塾に電話して費用を尋ねた。全七回分で四十万ウォン（四万円）だった。時間当たりにすると、「選挙コース」はその四倍で、それが安いかどうかは別として、オウム真理教事件の時に、記者団やテレビカメラの前に登場しては、「ああ言えばこういう上祐さん」の姿をなぜか、思い出した。そんな術《すべ》を幼くして叩き込まれている日本の子どもは、まずいないだろう。

相手を言い負かす術を幼い時から鍛錬することについて、考えさせる記事が、二〇一六年の新年早々、一月四日の朝鮮日報「記者の視角」に載った。見出しは「謝罪を受ける方法」（日本語版サイトの見出しは「【コラム】日本から謝罪を受ける韓国の意志と戦略」）だった。コラムでは、女性記者が前年末の旧日本軍慰安婦問題合意について、日本の謝罪が計算ずくのものと分かっていても韓国は受け入れ、今後の日韓関係を韓国の国益に合わせて進めていくようにしたほうがいい、と主張していた。

コラム冒頭で、学生時代に東京で日本人学生らと旧日本軍慰安婦問題を討論したときの出来事を紹介していた。

——日本の学生たちの「私たちは責任認定も補償もすべて行なった」との言葉に感情が高ぶり、「あなたたちがああいう目に遭《あ》ったと考えてみてよ。あれで済んだと思えるの？」と問いかけた。すると突然、日本の女子学生の一人が冷たい床で土下座を始めた。「こうすれば気が済むの？」と——

日本人女子学生の土下座に、彼女は「戸惑い」を感じたそうだ。日本人ならその女子学生は土下座にどんな意味を込めたか、即座に分かる。もはや対話が通じない、目の前の相手への強烈な拒絶感の表現だ。

この女子大学生はきっと、二度と韓国の人々に本当の心を開くことはない気がした。とにもかくにも相手を打ち負かしさえすればよい「雄弁」がもたらすものは、とどのつまり、人と人との距離を決定的に遠ざけるだけだということを、女性記者はこの経験から学んでいるだろうか。

韓国の親が雄弁塾に子供を通わせるのは、李《り》朝の昔、儒教社会の中での激しい政争で、自分の主張が相手の言い分に勝てなければ、一夜にして地位も名誉も財もすべてを失い、一族の妻女は誰かの慰め役になるかもしれない奴婢《ぬひ》の身分に落とされかねなかった両班《ヤンバン》たちの恐怖の記憶が消えていないからだろう。民主化から約三〇年。未だ対話の文化は成熟していない。雄弁塾で、自信と積極性、大胆さを会得するといってもしょせんは、自分が有利に立つための武器としての言葉使いの技術を学ぶだけだ。

とはいうものの、日本のテレビでも最近は、ただ、がむしゃらに自分の主張をがなりたてているだけの人たちがよく登場する。国交正常化から半世紀。日本社会の気風がだんだん韓国社会に似てきた。ソウルで道の真ん中で車を停めて怒鳴り合っているドライバー同士や、市場の罵り合いの光景とどこが違うか。

二十年ほど前、息子を雄弁塾に入れていた知り合いの韓国の新聞記者は当時、日本の学校で深刻な社会問題のいじめについて、「韓国ではありえない」「やられた子供がやり返して終わりだ」と胸を張っていた。

先に紹介した主婦もそのころ、

「殴られたら殴り返せ、と子供に教えるのが韓国の家庭の躾の基本」

と言っていた。それは、

「他民族による辛酸《しんさん》をなめ尽くしたことからの反骨精神と、いざとなれば大陸に逃げられる地理的な条件から思い切った抵抗ができるから」

と説明していた。日本の学校教育現場ではその後も深刻ないじめが消えないが、韓国でもいじめ問題は、みんなが考えていたようにはいかなかったようだ。昨年、久しぶりに会った彼女は、

「韓国でも深刻なの。子供がいじめに会ったら米国に留学させる親が多いのよ」

と、切り出すと、こう付け加えた。

「留学させれば、英語も身につけられるから、というわけでね」

それも余裕のある家庭ならばの話だろうが、いじめから外国留学、英語を身につけさせるというのは、この国の人たち特有のポジティブ・シンキングといえばいえる。

韓国教育省の二〇一四年の調査によると、いじめを含む校内暴力は全体として一時期より減少傾向にあるが、それでも小学四年生から高校三年生の一・四%がいじめを

受けていた。統計の仕方や範囲が違うものの、日本では二〇一二年の文科省調査で小学一年生から高校三年生まで全部で、いじめの被害児童・生徒がやはり一・四％だった。偶然の一致だ。

「韓国では、友だちから徹底的に無視されるいじめが多いの。仲間外《はず》れにしながら、スマートフォンを使って、いじめている子の一挙手一投足をあげつらって伝えあい、からかう。一度狙われると、しばらく休ませるとか、ほかの学校に転校させたりという程度では、収まらないのよ」

と、彼女はげんなりした表情を見せた。雄弁塾の特訓も、いじめの前では水鉄砲ほどの役にも立たないのは、双方が鍛えられたもの同士だからか。彼女は、いじめの深刻化の背景には大学入試競争の変化があると続けた。

「一昔前は、競争率が飛び抜けていたのは、ソウル大、高麗《コウリヨ》大、延世《ヨンセ》大の名門ぐらいで、数が少ないだけに、超一流を狙える子の数も限られるから、そこらの大学はずば抜けた成績の子たちだけの争いだったの。ソウルの高校生なら、三校以外のソウルにたくさんある大学には入れた。昔から地方大学は、都落ち扱いで人気がなかったのは知っているでしょうけど、あのIMF経済危機で地方の大学では就職もおぼつかなくなったわ。それでみんなが『ソウルにキャンパスがある』大学を目指すようになった。そのうえ、地方の高校生を不利にしないための優待枠までできたから、ソウルっ子がソウルにある大学に入るのが格段に難しくなった。そのストレスがいじめにつながっているという話よ」

彼女の話に出た名門三大学は、頭文字を並べて「SKY大学」、つまり並みの受験生では手が届かない、頭上高い空にある大学と言われたものだが、ソウルに校舎がある大学がみんなSKY大学になってしまったのだ。韓国の大学教授がこう言う。

「韓国ではずっとSKY大学の法学部がエリートコースで、高校は日本の植民地時代からの名門高が人気でした。いまは、ほとんどの高校に入試なしで進めますが、入試がある特別高校の人気は時代の流れで変わっています。昔は外国語学部が大企業への就職に有利だと、外国語に力を入れている高校が人気でした。IT立国の今は、理科系の高校に受験生が殺到しています。志望校も時代の風向き次第です」

日本では大学は、「象牙の塔」と譬《たと》えられるが、韓国では「牛骨塔《ウゴルタップ》」と昔から呼ばれていた。田んぼを耕す貴重な牛まで売って子供の大学の学費を工面したからだ。

しかも朝鮮戦争の記憶が濃厚の時代、つまり今は人生の最晩年期を迎えているだろう人々が若者だったころは、大学生は兵役免除だった。命の安全保障を求めて余計、大学入試への風潮に拍車がかかった。朴正熙《パクチヨンヒ》軍事政権によって、大学生の兵役猶予制度がなくなるまで、名門私立大といえども、裏口入学は当たり前、大学の定員などあってもないのが同然だった。

日韓国交正常化前年の一九六四年、日韓とも苦学生は多かった時代だが、日本の一人当たり国民総生産（ＧＤＰ）は約八百四十七ドル、大学生は総人口の〇・八七％だった。一方、韓国は九十六ドル。日本の九分の一で、小学生約四百六十八万人の二四％が欠食児童だったが、大学生は十二万七千人。全国民の約〇・五％を占めていた。牛を売ってもらい大学に通った若者は、「ソウルは満員だ」と叫びながら、韓国経済発展の突撃隊になった。ちなみにソウル市の人口は、朝鮮戦争前の約百六十万人が十年後には約千六百万人と、十倍になった。

経済協力開発機構（ＯＥＣＤ）の二〇一二年統計では、日本の大学進学率は五一

%、韓国七一%。GDPに占める教育費の割合は二〇〇九年で、韓国がトップクラスで八%。日本は五・三%だ。大学進学率や教育費のかけ方は、単純にその国の経済力に比例しているわけではないことが分かる。教育はその国の社会の断面の反映だ。

韓国人が子弟の高等教育に執着するのは、科挙《かきょ》を登竜門とし、一族の栄達が権力と富をもたらし名誉も集める、「三位一体」の社会構造が高麗、李朝からずっと続き、学歴とその後の出世が本人のみならず、一族の栄枯盛衰に直結したからだ。

一方、日本の内閣府の二〇〇七年「世界青年意識調査」を見ると、韓国の若者が自国の深刻な社会問題として挙げたのは①就職難②学歴格差③貧富の差でほぼ六五%以上(複数回答)、四位の家柄格差も半数を超えていた。韓国の若者は自分が直面している問題でアップアップなことが良く分かる。日本の若者は①福祉問題②政治不信③学歴格差④環境問題だった。

先生への感謝は現ナマ

ところで、「学童選挙で百万ウォン」になるのも、昔から韓国では中学や高校より小学校の児童会の会長選挙が過熱気味だったからだ。

「人生のスタートラインからほかの子より一歩でも有利にさせたい親心の表われ」

それが、先の主婦の説明だ。かつて新聞社の幹部はこう言った。

「韓国の近現代史は激動続きだった。勝ち組、負け組がはっきりしていて、しかもいつ逆転するか分からない不安定な社会だった。民主化以後もその余波は続いている。それで余計、わが子のスタートをほかの子よりよくさせたい親が多い」

地方公務員の知人は、こんな実利があると、教えてくれた。

「子どもに小学校の児童会の役員経験があると、進学の面接で、リーダーシップがある子と思われることは確かです」

韓国には「先生の日」がある。毎年五月十五日だ。先生に感謝の気持ちを表わす日だ。そんな記念日は日本にはない。さすが、「師」を尊ぶ儒教の国らしい記念日と言いたいところだが、表向きはそこまでだ。花の一本程度では、先生の日に感謝の心を届けることにはならない。それなりの「気持ち」を表わす心付けを届ける日になっていた。

児童会の役員に子供が選ばれると、世話になる先生方をみんな集めて食事会を開いて大盤振る舞いしたうえ、十万ウォンぐらいの「寸志」を封筒に入れて担任の教師に渡すのは当たり前だった。やれ面談だ、遠足だ、なんだかんだと、給食を子どもと一緒に食べるのも嫌がる面倒くさがり屋の教師に、父兄は年に五、六回は「寸志」を渡していた。それもこれも、子どもの人生のスタートを不利にしないためだ。

雄弁塾に、「児童会選挙特別プログラム」が設けられている、教育熱心な高給取りのサラリーマン層が暮らすソウルの江南のような地域の学校になればなるほど、封筒の厚みは増した。教師は教師で、そうした学校に赴任したがり、偉い先生や教育庁の幹部にもっと分厚い封筒を渡すという具合に、「寸志」がぐるぐると回っていた。

学校だけでなく、韓国各界各層が「寸志」漬けで、上は軍幹部の昇進から、大学教授、記者クラブ、税関、下はごみ集めのおじさんにまで、極端な話「寸志」なしには夜も日も明けなかった。で、「韓国の背広の内ポケットのひとつは給料袋用、もうひとつは寸志用」と冗談交じりで言われていた。「サブ」、つまり二つ目のポケットの実入り具合で、見合いの相手が決まった。寸志の多寡《たか》が社会的地位、そのものだった。

二〇一四年夏になってようやく、ソウル市教育委員会が出した通達はこうだ。

「十万ウォンの寸志を受け取った教師は罷免《ひめん》か解任処分」

本来ならば、「寸志」を「びた一文、受け取るな」が当たり前だ。それでも、

「以来、寸志を先生は受け取らなくなった」

と、先の主婦は笑った。先生を集めた食事会もなくなった。

「その代わり、父母会や学校の行事の打ち合わせで父母が学校に集まった折には、来てくれた父母に感謝する気持ちで、お店でそろって食事し、費用は役員の子どもの親が負担するようになったの」

その支払いが、半年で三十万円ぐらいになった。奢《おご》る相手が替わっただけの話ではないか。韓国で最長の流行語は、一九六〇年代からの「チマ・パラム」（スカートの風）だ。わが子かわいさのあまり、チマ（日本でいうスカート）の裾《すそ》を舞い上がらせて学校に出入りする母親をからかった言葉だ。二〇一六年秋から、不正請託及び金品等授受の禁止に関する法律（通称、金英蘭《キムヨンラン》法）が韓国で施行される。公務員は無論、マスコミや私立学校、私立幼稚園の関係者やその家族までが食事代三万ウォン（約三

千円)、贈答品五万ウォン、慶弔費十万ウォンを超えた余禄にありつくと処罰されるようになる。これで、チマ・パラムは死語になるか。いやいや、あの手この手で、チマ・パラムは不滅、が大方の見立てだ。

2

運気を求めて大統領の生家巡り、冷飯嫌いで駅弁は無縁

駅弁なしの旅情探し

ソウルの一九六〇年代、大きな交差点では、年取ったおばあさんが渡っていると、見ず知らずであっても娘さんが走り寄って、体を支えてあげながら一緒に渡る光景がいつも見られた。地下鉄が開通すると、若い人がさっと席を譲った。九〇年代ごろには、お年寄りが乗り込んでくるなり席を譲れと言わんばかりの態度が目について、少し呆《あき》れたことがあった。

このごろは、お年寄りが立っていても平気な若者がけっこう多い。その点では日本並みの社会になった。ただ市内バスではいまでも若者が席を譲っている。発着時の乱暴運転で転ぶお年寄りが多いからだ。そこいら辺は優しい社会だ。乱暴運転のほうをやめさせろ、と思うことも多々あるが。

二〇一四年一月に、ニューヨークのマクドナルドで、一ドル三十九セント(一ドル=約一一〇円)のフライドポテトとコーヒーのセットで、何時間もテーブル席で駄弁《たべ》っていた在米韓国人のお年寄り六人が追い出される騒ぎがあり、韓国系団体がカンカンになって不買運動をしたことがあった。

このお年寄りは一九六〇―七〇年代に渡米し、働きずくめの歳月だった。気がつくと米国社会には同化できず、人生最晩年の唯一の楽しみは同じ一世同士でマクドナルドに集まり、おしゃべりで過ごすことだった、と韓国マスコミが伝えていた。そんな年寄りの姿をソウルのファストフード店でも見かける。年寄りたちが、混んできてもおかまいなしにずっと窓際の席の一角に居座ってしゃべり続けているのだ。ただし、ソウルでは店がじっと我慢、我慢だ。

長距離バスに揺られていると、隣り合わせたお年寄りが、みかんのおすそわけをしてくれた。韓国の首相だった人が少年時代、向学の志に燃えて、親に内緒で渡日した。その思い出話の中で、下関から乗った汽車の道中の話を披露してくれた。隣りに座った日本の若いお母さんからサイダーをもらったそうだ。

「サイダーなんぞ初めて見たもので、飲み方も分からなかったです。ストローに息を吹き込んだら、泡が噴出してきて、そりゃ、びっくりしましたよ」

彼は、一人で思い出し笑いをしていた。旅は有情だ。余談だが、日韓摩擦深刻化の根底には、支配者であった日本のいいところもひどいところも肌で知る世代が日韓両国で少なくなったことがある。

韓国は、二〇一四年には、年千四百万人もの外国人観光客が訪れた世界第二十位の観光大国だ。人数は二〇〇三年から十一年間、日本を上回っていた。往時に比べ半減したとはいえ、韓国観光公社のまとめでは、二〇一五年でも約百八十三万人もの日本人観光客が訪れた。

その韓国を旅した日本人の多くが気づいていないことがある。「日本の鉄道旅行ではつきものだけど、韓国では見ないものは何ですか」、と大学で観光学を学ぶ学生になぞかけした。百人ぐらいの学生の誰一人も正しい答えを想像できなかった。

正解は、「駅弁」。

峠の釜めしや富山の鱒寿司、浜松のウナギ弁当、仙台の牛タン弁当のように、その土地土地の名産をもとに工夫を凝《こ》らした駅弁は、なくてはならない旅の楽しみだ。

その楽しみが、韓国の旅にはない。知り合いの韓国のSKY大学の名誉教授が、韓国中部の大田《テジョン》駅には駅弁らしいものがあると教えてくれた。ソウルから来た列車が釜山《プサン》行と光州《クアンジュ》行に分かれる駅だ。けれどこの先生も、日本の駅弁とはたしかに違うと続けた。あくまで「駅弁らしい」というものだ。

　大田に行く折があれば確かめるつもりだが、最近はソウル駅の中にあるコンビニに行けば、形も中身も日本のコンビニにあるのと瓜二つの詰め合わせ弁当が並んでいる。そんなコンビニ弁当は韓国津々浦々で買えるが、ソウル駅でしか買えない、たとえば「ソウル名物鰻焼弁当」のような類《たぐい》はない。

　韓国で車窓の風景を見ながら駅弁を食べる旅気分を味わうには、どうしたらいいのか。構内の食堂で山積みの韓国式太巻き「キンパップ」を一本買って乗り込むぐらいだ。キンパップは、いまや韓国の代表的ファストフードだ。形からして日本支配時代に朝鮮半島に渡った「海苔巻き」が原型で、韓国でも昔は「ノリマキ」で通じたが、日本語追放運動の結果「キンパップ（海苔ごはんの意味）」に変わったと誰かが言っていた。酢飯を使わず、ホウレン草やキムチ、卵焼きなどが具で、海苔をゴマ油で味付けした太巻きのようなものだから、日もちするものではない。

　しかも、アルミホイルで包んだだけで並べているから、駅弁ムードにほど遠い。あくまで腹の足し程度だ。昔は一本千ウォンもしなかった。いまは安くても千五百ウォンはする。添え物のたくあん二、三切れが入ったビニールの小袋がついてくるのが普通だが、「つけて頂戴よ」と言わないと、くれない店が多くなった。実は、店で食べるほうがお得だ。たくあんのほか、すまし汁もついてくるが、値段は持ち帰りと同じだ。実際、車内でキンパップをほおばっている旅人は、あまり見かけない。

どうして、「キンパップ」は酢飯でないのか。酢そのものは韓国の料理で使うが、酢飯のようにご飯にそのまま振りかけるような使い方をしない、と先の名誉教授が教えてくれた。

「大方の韓国人は、鼻を衝《つ》く酢の臭いが嫌いだからです。どうしてか。理由は、分からないです」

名誉教授は日本に留学していた時、ラーメン店でカウンターに並んだ隣りの客のように、ラーメンに酢を落としてすする真似がどうしてもできなかったそうだ。海苔巻きが、酢飯を使わず、ごま油をまぶす「キンパップ」に変身したのも、みんなが酢嫌いのためだろう。ただ、近年とみに賑わうソウルのマグロ専門寿司屋では、酢飯で握っていた。味覚の好みは変化するもののようだ。それと、その店では一人前二万五千ウォン（二千五百円）でたぶんビンチョウマグロだとは思うが、刺身をいくらでも出してくれるようだった。それには、驚いた。

朝のラッシュ時、どんどん人波が吸い込まれていく地下鉄駅の降り口の階段わきで、スカーフを頭に巻いたアジュマ（おばさん）がまだ温かい自家製キンパップを売る光景は、ソウルの風物詩だ。立ち売りを続けて、息子を大学で勉強させたという苦労談が時々、テレビで話題になる。キンパップ・アジュマだけではない。予備校前のトースト屋台のアジュマにも、似たような話の人がいたように思う。みんなわが子の晴れ姿を夢にして生きるチマ・パラムなのだ。

嫁の頭は台所で分かる

韓国は、鉄道より全国を隈《くま》なく結ぶ高速バス網のほうがはるかに便利だ。大きなバスターミナルがソウルだと何カ所もある。しかしもちろん、ターミナル弁当は売っていない。駅と同じようにほとんどの客が、構内食堂で腹ごしらえする。

「韓国の鉄道は距離が短くて、駅弁の必要がないからじゃないかな」

先の名誉教授の駅弁不在の見解だ。

「韓国の食文化の歴史と関係しているかもしれない」

と、女性大学教授がこんな話をした。

「ソウルに普通の飲食店ができたのは、日本の支配下になってからです。朝鮮では、お客様は家でもてなすのが伝統で、外食文化が発達しませんでした。食べ物は商売にするものではないという考えも強かったです。それぞれの家庭で、自分の家の味や料理を代々、伝えていくだけの閉鎖的な食文化でした。それ以外の料理や味は、よその家で食べて初めて知りました。気に入ると、その料理を家に持ち帰って覚えました。だから、郷土料理も家庭の中だけで外に広がらなかったし、商品として売ろうという気持ちがそもそも生まれなかったと思います」

女性教授は、温かい料理は温かいうちに、冷たくする料理は冷えているうちに出すのが韓国の家庭の不文律で、そうできるかどうかで、

「台所を預かる嫁の頭の良し悪しが分かる」

と昔から言われていたと教えてくれた。今でも、

「あの家で冷めたスープが出てきた」

という話になったら、あそこの奥さんの頭はそれほどでないという意味だそうだ。一昔前は、一族が集まる祭礼の切り盛りは長男の嫁の役目で、たいした料理道具もない嫁の苦労は並大抵ではなかったろう。馬鹿嫁と叱られないよう、適温の料理を次々に仕上げなければならないに、そういうことも関係しているはずだ。長男の嫁になりたがらない気分が韓国女性の間で強いのは、そういうことも関係しているはずだ。一九六〇年代末から七〇年代にかけてお世話になったソウルの家で、銀行勤めの長女は、

「長男の嫁にはなりたくない。韓国では北女南男《プンニョナムナム》が一番の組み合わせと言われているけど、慶尚道《キョンサンド》（韓国南東部）の人は絶対に嫌よ。あそこは男が威張《いば》っているから」

が、口癖だった。裕福な家で、日本で言う住み込みのお手伝いさんである、食母二人がおかずの下ごしらえをして、お母さんが最後の味付けをする習わしだった。いまの韓国観光案内書では宮廷料理と記されている、ちょっと変わった形の鍋にいろいろな具材が入っている神仙炉《シンソルロ》などもよく食べさせてくれた。もやしスープがとてもおいしかった。魚は日本式に網で焼いていた。外食はほとんどせず、一家揃って出かける

先は、ブルコギか平壌冷麺《ピョンヤンネンミョン》の店ぐらいで、弁当を作ってくれたことはなかった。台所に男は入るなと言われ、夜中に湯冷ましを飲もうとすると、食母が起きて来て、

「私が用意しますから」

と、とめられたのは面倒だった。『孟子《もうし》』の「君子、庖厨《ほうちゅう》を遠ざくる也」以来の「男子厨房に入るべからず」が健在だった。食母の給料はお小遣い程度だと言っていた。食母に休みをあげるときに、映画でも行きなさいとお母さんがお金を渡していた。日本でいう盆暮れで田舎に帰る時には、お小遣いをはずむ。丁稚《でっち》奉公みたいだ。躾もし、若い食母は嫁に行くまで、その家で面倒を見る。身持ちの保証人でもあったのだ。一種の里親のようなものだ。いまもそんな食母がいる家があるだろうか。

知り合いの主婦に、あのお母さんはなぜ弁当を作ってくれなかったのかなと聞いてみたら、こう言われた。

「韓国の母親たちには、炊《た》き立ての温かいご飯が体にいいから、それを家族に食べさせるのが愛情表現のひとつ、という気持ちが強いの。弁当は冷めるから、お勧めじゃないわけ。それで、弁当文化が発達しなかったし、駅弁もないのよ。給食のない時代

は、弁当が冷めない保温器をぶら下げて登校して来る子どもがとても多かった。保温器もよく売れていたのは、母親の愛情からよ」

そう言えば、九〇年代初め、結婚したばかりのソウル支局の韓国人スタッフに、

「愛妻弁当を持ってこないの」

と尋ねたら、

「冷や飯は、韓国では囚人飯と言って、うんと嫌われるものです」

と、ぴしゃりと言われた。学校給食で全員が揃うのを待ち、「いただきます」で一斉に食べ始めないのも、冷飯嫌悪のためだったのか。日比谷公園のように、愛妻弁当を広げたサラリーマンたちがベンチにずらりと腰を下ろしている姿に、ソウルでお目にかかったことはたしかにない。韓国紙の記者が付け加えた。

「弁当といえば、下層の労働者がせわしく腹に入れるもの、というのが、今でも韓国でのイメージですよ」

弁当という言葉は、「ベントウ」と日本語のまま使われていた。日本統治時代に弁当が入って来たからだ。日本語追放で、「トシラク」と言うようになった。

銭湯とコンビニ

駅弁ナシの韓国の人たちは、どんなふうにして旅気分を味わっているのだろうか。バスでも汽車でも、道中飲めや歌えのどんちゃん騒ぎだ。車内でみんなが立って踊っている団体バスが、高速道路をぶっ飛ばしている。禁止されたはずだが、なくならない。汽車だとほかの客が、通路を通り抜けることもできないほど騒ぐ。周りの迷惑を顧《かえり》みないと怒る人もいるが、なくなる気配はない。

韓国南東部の安東《アンドン》は、近くに両班の里として世界遺産になった河回村《ハフェ》がある町として有名だ。ここの名物料理といえば、鶏肉の煮込み料理「安東チムタク」だ。ただし、この名物が生まれたのは一九八〇年代だ。「きりたんぽ」や「しょっつる鍋」のような、地方で生き続けてきた郷土料理とはちょっと趣《おもむき》が違う。それに、地方の郷土料理ともてはやされていても、実はソウルの店で評判を呼んだから全国に知られるようになったものが多い。韓国料理の味は、どこでも割と単純だ。海沿いで食べても山の中の店で食べても、郷土料理であろうがどうだろうが、おいしいけれど、味は定番でそれほど変わらない。

そんなことを韓国の知人と話していたら、彼は面白いことを言った。

「日本はバリエーションの社会なのです。ひとつのものを変化させて、たくさんの種類のものを作る。あんパンもそれぞれの店が工夫を凝《こ》らして、おいしければ、地方のパン屋でも大人気になるじゃないですか。ソウルの盛り場が、「元祖」「本家」の看板だらけなのは、どの店も工夫なしに同じような料理を出しているだけだからです。〝元祖〟とかの看板で人目を引くしかないんです」

韓国の繁華街で日本と違うことのひとつは、寿司からお子様ランチまで、何でもござれの店をあまり目にしないことだ。キンパップを売りにしたファストフードのチェーン店などのほかは、冷麺《ネンミョン》なら冷麺、参鶏湯《サムゲタン》なら参鶏湯、焼肉なら焼肉だけといった店が多い。焼肉店も、牛肉専門、豚肉専門と店がさらに専門化している。タンものと言われるスープご飯類もコムタンならコムタンだけという単品店が多く、メニューの品書きは少ない。これも、バリエーション不足といえば、そうだ。

「手持ちの小金で、おかみさんができる料理で始めた、家庭料理の延長のような店が多いからです。小さい店を長くやっていても、うだつの上がらない奴と言われるだけだから、流行《はや》ったら店を売って、もっときれいな商売を始めるのが、韓国流。日本の十年は韓国の一年で、流行《はや》り廃《すた》りが激しいので無理もないところもある」

それが、韓国の経済通の説明だ。

職業と階層が一体で、仕事にすぐ貴賤《きせん》をつけたがる気風はいまも残っている。炊事は女の仕事という男尊女卑の意識が、食べ物屋は男子一生の仕事にあらずの蔑視感を定着させた。老舗《しにせ》食堂が少ない一番の理由だ。日本の路地裏の焼鳥屋はオヤジが団扇《うちわ》をパタパタさせ、首に巻いた手ぬぐいで汗を拭き拭き焼いて、初めて味わいが出る。韓国のバス停前のフライドチキンの店で、おやじが揚げている姿は見ない。夫婦でやっている店でも、「俺様が汗をかけるか」と言わんばかりに、レジの前で偉そうに座ってテレビを眺めている。

職業といえば、韓国の交通警官は、違反を見逃す代わりの実入《みい》りで、「三年で家が建つ」と言われていた。そうした「現場裁判」がなくなった今は、繁華街の交番勤務が一番人気だ。商店街からの付け届け目当てだ。

その繁華街では近頃、焼肉やら何やら、いろいろな韓国料理をバイキングで食べることができる「ビュッフェ」レストランが登場した。韓流《ハン》に続く、「韓国料理の世界化」の一環から、という話だ。ビビンバも、ドンブリが昔からのステンレスでなく、見た目も「モダンビビンバ」といえる類《たぐい》のアレンジ韓食を出す店も出てきた。ソウル五輪後の一九八九年以来、海外旅行が完全自由化され、人々が海外の都市を楽しんできた成果だろう。台所も男子禁制ではなくなった。

ついこの間までは、韓国では当たり前で日本にないものが、コンビニ店内の食事コーナーだった。日本式のコンビニ弁当を買った客が、店のレンジで温めるとすぐ食べられるように、片隅にテーブルが置いてあった。それも、冷飯を嫌う食文化からとも思うが、昔からソウルのパン屋では隅《すみ》の粗末なテーブルで、買ったパンをその場で食べられた。コンビニの食事コーナーは、その延長の気がする。

温かいご飯への執着心は相当に強いのが韓国食文化であっても、このごろはコンビニおにぎりもけっこう捌《さば》けているようだ。食文化も変わりつつあるのか。日々の生活が、さらに慌ただしくなっているのか。

コンビニとテーブルといえば、ほとんどのコンビニでは、店頭にもテーブルを置いている。日傘が広げられ、夕方、退勤後のサラリーマンがビールとつまみでワイワイやっている。ソウルの路地裏でゴザや縁台の周りに近所の人が集まって夕涼みがてら焼酎《しょうちゅう》を飲み、世間話に興《きょう》じていた路地裏コミュニケーションの延長だ。

日本でも、昭和四〇年代まではそうだった。エアコンの普及とともにすっかり消えてしまったが、先のニューヨークのマクドナルド騒ぎではないが、寂しい老人の社交場として、東京でもそのうち、コンビニ前の縁台風景が復活するかもしれない。

と思っていたら、大阪で店前にテーブルを並べたコンビニを見つけた。もちろん、店内には食事用のカウンターがあった。韓国と瓜二つで、妙に懐かしくなった。

関西と韓国では銭湯もそっくりだ。銭湯にあたるソウルの沐浴湯《モギヨクタン》では、湯船は浴場の真ん中にデンとあるのが普通だった。東京では壁側に湯船を寄せた銭湯ばかりだから、日本と韓国はこんなところが違うと思っていた。ところが、大阪の銭湯に入るとソウルと同じように真ん中に湯船があった。同じだとびっくりした。

銭湯といえば、韓国では家の風呂は使わない。せいぜいシャワーぐらいだ。立派な

湯船があっても、蓋《ふた》の上を物置き代わりにしている家庭がほとんどだ。私が世話になった家もそうだった。そこの家のお母さんに、

「どうして毎日、家のお風呂に入らないの」

と、尋ねたら、こう教えられた。

「日本のように湿気が多くないから。韓国は乾燥しているでしょ」

いつもは、顔や手足を水道で丁寧に洗ってすませ、週に一度ぐらい、父親を除いた一家総出で沐浴湯に行く。それも朝とんでもなく早く、まだ暗いうちから出かける。冬だと懐中電灯で道を照らしながらだ。

「どうして、こんなに早いの。眠たいのに」

とぶつぶつ言ったら、こう言われた。

「昔からなの。お湯もきれいだし。戻って来てから一眠りできるでしょ」

そのお風呂の時間がとても長い。一時間以上が当たり前で、念には念を入れて体を洗っては洗う。

大浴場は有料の温泉地

お湯といえば、韓国にも有名な温泉地がいくつかある。百済《くだら》のころ、鶴が怪我《けが》をした翼を治したとの伝説がある、先の大田駅から西に行った儒城《ユソン》温泉。釜山の東萊《トンネ》温泉も新羅《しらぎ》時代からのゆかりがある。ただどこも、温泉場らしさがない。大きな温泉地といっても、駅から大通りを歩いて、焼肉屋のネオンがどぎつい盛り場を通り抜けた先にあるマンションのようなホテルが多い。田舎の温泉は、夜空の田んぼの向こうに温泉マークのネオンがただピカピカ見える真っ暗闇の里だ。ひと風呂浴びた客が、涼《すず》みながらそぞろ歩いているような温泉地特有の風情は、ない。

よく分からないのが、そういう有名温泉地の大ホテルの大浴場が、泊まり客でも有料というケースがけっこうあることだった。温泉場なのに小さなホテルには浴場がないところもある。客は温泉に浸《つ》かりたければ、お金を払って大ホテルの大浴場を利用する。日本の温泉場ではありえない話だ。韓国の新聞記者の知人が説明してくれた。

「それは、韓国の温泉はみんな古い時代のものだからです。日本のように源泉から高温のお湯がたっぷり湧き出している温泉はもうないです。ほとんど沸かし湯です。電気代がかかっているから、ホテルの大浴場は宿泊客からも別料金をとります。露天風呂のあるホテルが少ないのは、儒教のしきたりで人前では肌を見せないこともあるけれど、沸かし湯はすぐ冷めるので、露天風呂にすると余計、電気代がかさむからです。温泉といっても、街の銭湯を少し高級にした程度というのが、韓国での感覚です」

たしかに韓国の温泉場で、もうもうと湯けむりが噴き出す源泉の光景を見たことはなかった。

韓国から日本に来る観光客は昔から、別府《べっぷ》温泉のような湯治場《とうじば》の雰囲気がある温泉が大好きだ。温泉が多い九州は、距離の近さもあって外国人客の四割強が韓国人だ（観光庁まとめ）。石畳のわきから絶えず上がる湯気、スマートボール屋、射的屋《しゃてき》、民芸品を並べた店。韓国にはない味わいを堪能できるからだろう。

ソウルからバスで一時間半の忠清南道《チュンチヨンナムド》の牙山《アサン》の魚や野菜、唐辛子やキムチが並んだ市場の細い路地を抜けたあたりにある温陽《オニヤン》温泉は、李朝の歴代の王が保養した「王湯」だ。ここからバスを乗り換えて行く温泉が道高《ドコ》温泉だ。こっちは「大統領の湯」。朴正熙大統領がたびたび訪れたといわれる別荘があるからだ。とはいっても、ひなびた田舎で夜は真っ暗。その田舎っぽさが好きで、時々湯を浴びに行った。この温泉にはこんな話が残っている。

一九七九年十月のある日、西海岸の防潮堤の竣工式を終えた朴正熙大統領（一九六三―一九七九）の一行がヘリでここに降りようとすると、その日に限って飼育場の雌鹿がヘリの轟音に驚いて大暴れし、壁に頭をぶつけて死ぬ騒ぎがあった。ソウルに戻ったその夜、大統領は当時の韓国中央情報部長、金載圭《キムジエギュ》の銃弾に倒れた。シカが暴れて知らせようとしたのは、

「朴大統領の凶事だった」

と、人々は驚いた。

「朴大統領別荘スパピア」の大看板が目立つ三階建てサウナ兼ホテルの脇にある、平屋建て約三百十平方メートルの洋風建物が、朴正熙大統領の別荘という一軒家だ。サウナのオーナーに声をかけると、別荘のカギを開けながら、こう言った。

「IMF危機下の一九九八年に売りに出されたので、四千六百平方メートルの敷地ごとそっくり買いました。国からではなく、個人からです。一度は朴正熙大統領記念館

にして、入場料をもらいました。観光バスが一日三十台ぐらい来るほど賑わったけど、儲けはそれほどでもないのに、展示していた大統領の遺品が盗まれるので閉めました。以来、閉鎖しています。少女時代の朴槿恵《パククネ》大統領もこの別荘に来ていました」

大統領の寝室から風呂場、台所まで当時のままだと言った。どの部屋も地味な雰囲気で、布団は韓国的に少し派手だった。寝室のクローゼットに小柄な大統領のガウンが掛かったままだった。温泉の硫黄が少し付着していた風呂場は石造りで、小さな家庭用サウナもあった。『朴正熙最後の一日』（趙甲済《チョガプジェ》著）にも、この雌鹿の出来事が登場するが、別荘があったとの話は書かれてなかった。韓国紙の元政治部記者にこの別荘のことを尋ねたが、知らなかった。彼はこう見立てた。

「おそらく、朴正熙大統領と親しい誰かが所有した別荘で、それを大統領は自由に使っていたのではないか」

韓国でみんなが知っている、朴正熙大統領の別荘と言えば、韓国南部、猪島《チヨド》の青《チヨン》海台《ヘデ》だ。「海の青瓦台《せいがだい》（大統領府）という意味で青海台と呼ばれた。絶景を目《ま》のあたりにするゴルフ場もあるというが、別荘は軍施設の中にあり、市民は近寄れなかった。朴槿恵大統領が就任して初めての夏休みをこの浜辺で過ごした。「センチメンタルバカンス」と、韓国では話題になった。

全斗煥《チョンドファン》大統領（一九八〇―一九八八）は、韓国中部、清州《チョンジュ》市の奥にある人造湖のダムの起工式に行って、そこが気に入ると、なんと人造湖のほとりの敷地面積百八十四万平方メートルの山林を一般人立ち入り禁止地域にしてしまい、あっという間にヨットの桟橋まである広大な大統領専用別荘を造ってしまった。独裁政権だからこそできることだ。そこは「南の青瓦台」との意味から「青南台《チヨンナムデ》」と名づけられ、民主化以後も盧泰愚《ノテウ》（一九八八―一九九三）、それに元民主化闘争の旗手の「両金」、つまり金泳三《キムヨンサン》（一九九三―一九九八）、金大中《キムデジュン》大統領（一九九八―二〇〇三）がここで保養した。

盧武鉉《ノムヒヨン》大統領（二〇〇三―二〇〇八）が一般への解放を選挙公約にするまで「青南台」の存在は、韓国の最高秘密の一つだったようだ。元政治部記者は、こう断言した。

「歴代青瓦台担当記者も知らなかったたし、行ったことのある記者もいなかったろう」

大統領専用巨大別荘の訪問者

ソウルから高速バスに乗って一時間四十分で清州市のバスターミナルに着く。市の旧市街からは少し離れた新開地のターミナルで、そばに大きなモールがひとつ。大通りはまだ閑散としていた。そこから市内バスで四十分ぐらいだ。郊外を抜け、林道のようなくねくねした山道に入り、駐車場でバスを降りる。

そこで、シャトルバス代と入場料が一緒になった切符を買い、湖畔の道をさらに奥へ向かう。豪華な洋館や五万五千平方メートルのゴルフ場、ヘリポート、スケート場などが出現するとは思えない山中だ。立派な記念館には、歴代大統領がここで乗り回したマウンテンバイクなどが展示されていた。ただし、五人の大統領が来たのは二十年間で八十八回、延べ四百七十一日に過ぎなかったそうだ。

一方、二〇〇三年解放されてからの十年間に、山奥の泊まることもできないこの巨大別荘の見学者が、なんと国民のほぼ半数、二千五百六十三万人にもなった。大統領が泊まった地上二階地下一階の延べ約二千七百平方メートルの本館の階段は、列を作って上り下りの見学者でごった返し、まるでデパートのバーゲン会場のようだった。

どうしてそんなにもみんながやって来るのか。

帰り路は、時間的には余裕があったはずだが、途中でバスの乗り換えが上手《うま》くいかず、清州市に戻れるかどうか、おぼつかなくなった。ホテルがありそうもない町の停留所でうろうろしていると、バスで一緒だったアジュマ（おばさん）グループの一人が親切に声をかけてくれた。

「あたしたち、タクシー二台で、一番近くの大田駅まで行くわ。割り勘でどうよ」

大田駅に着いて、日本の新幹線のような駅の中で夕食をすますことになった。さっそく、アジュマに聞いた。

「どうして、あんなにたくさん見に来るのですか」

「それはねぇ、韓国人は、自分の運にはなんでも『気』が関係すると思っているからなの。ま、陰陽の世界だけど、一言でいえば、大統領になるほど運が良かった人は『気に恵まれた人』だから、その運気をもらえば、自分の運も良くなって、もっと恵まれた人生を送れるに違いないと思うの。それで、運を強くする『気』目当てであそこに行くのよ。四人の大統領の気が流れているから、運気は抜群のはずでしょ」

歴代大統領の復元生家も大人気だ。やはり「気」にあやかりたいからだ。日本の大阪で生まれ、三歳の時に解放後の韓国・浦項《ポハン》に戻った李明博《イミョンバク》大統領（二〇〇八―二〇一三）も、浦項市から車で三十分ほどの里に生家が復元されているというので、様子を見に行った。浦項市は、日本支配下には日本人漁民がたくさん住んでいた漁村だったが、いまはポスコ（旧浦項総合製鉄）で知られる工業都市だ。

故郷の村の入り口に復元された藁葺きの生家のそばには駐車場が広がっていた。平日でも二、三百人が運気を求めて来るそうだ。浦項文化財団が復元したのだが、聞いてみると、少年時代に住んでいた場所に復元したのではないそうだ。それでは、運気も薄いのではと訝《いぶか》ると、同じ村の中に「李明博大統領故郷の家」があるという話だった。少年時代の写真やイラスト付きで苦労話が紹介されているボードが並ぶ畑沿いの道を進んだ先の、青色のトタン屋根のような平屋の家だった。李明博大統領の等身大の写真を張ったパネル像が二つ、家の前に立っていた。

パネルを眺めていたら、「写真を撮ってあげましょうか」との声がかかったが、実はここは李明博大統領の親戚が住む家で、大統領が住んだことはないそうだ。それでも御利益があるのかどうか。するとまた、近くに「李明博大統領故郷の家跡地」の看板をブロック塀に貼り付けた、レンガ造り平屋建ての家があった。日本から引き揚げてから三年余、実際に住んでいたそうだ。ただし、一九七〇年代に土地を買った赤の他人がレンガ造りの家を建てて住んでいるので、生家をここに復元するわけにいかなかったそうだ。それでも、ここがやはり運気が一番強いのだろう。その証拠に庭には記念品販売所があって、キーホルダーや写真立てなどを並べ、売っていた。

この三軒の「故郷の家」に流れる運気を求めて大統領在任中には、週末には一日五千人以上が訪れた。金海の盧武鉉大統領は退任後も、暇があると生家の前に現われて、訪問客相手に冗談話をするのが人気を呼んで、訪問客数は李明博大統領を上回ったそうだ。その盧武鉉大統領は、金海《キムヘ》市の生家そばの岩から飛び降りて自殺した。

朴正煕大統領の故郷、亀尾《クミ》市でも藁葺きの生家が復元されている。盛況ぶりはダントツだ。郊外の学校の校庭ほどはある駐車場が、全国からどんどん集まる観光バスや乗用車で平日なのに終日一杯だった。ここにも朴正煕大統領の等身大パネルが立っていた。見学に来た夫婦に、並んだ写真を撮ってくれと頼まれた。きっと、家に写真を飾ると運気が一段と強くなるのだろう。韓国の旅は「運気巡り」。「湯巡り」は日本。旅の好みの違いは国と文化の違いだ。

3

「さすらい」といえば格好いい、ホームレスだった旅人たち

手土産無縁

東京でも一九五〇年代は、駅前のマーケットも土を固めただけで、その上に屋根がかかっていた。大方の私鉄駅の改札口はひとつだけだった。ホームは次第に長くなり、改札口が増えた。東京オリンピックのころには、駅裏の道まで舗装された。東京は少しずつ変わった。

韓国が一気に豊かになったと実感させられたことのひとつが、地方の小都市のバスターミナルだ。二〇〇〇年代になったばかりのころは砂利すら敷かれてないところが多かった。雨が降ればぬかるみ、水たまりを避けてバスに乗った。ターミナルの周りにはどこも木賃《きちん》宿が点在していて、その黄色いネオンの光が水たまりに揺れ、バスから降りた相合傘が路地に消え……それはそれで、喧騒のソウルからは消えた韓国演歌の原点に触れる旅情があった。そんなバスターミナルはいまや郷愁の彼方だ。いきなりコンクリートのモダンなバスステーションに変わった。

高速道路の休憩所も、見た目にも「休憩所&無料トイレ」の殺風景さだった。ただただ、だだっ広く、ぽつりぽつりの客はみな無口で、板を並べただけのカウンター式のテーブルの前に立ってふうふう言いながら「うどん」をすすっていた。休息所を一歩出れば、ぶるぶるっと寒さで体が震え、襟《えり》を立てた。それも良かった。

ちなみに「うどん」はウドンで、いまでも日本語のままだ。そのうち、「日本語をそのまま使うのは愛国的でない」運動のやり玉にされ、韓国語に変えろとなるだろう。何と呼ぶのだろう。「ミルカル・クㇰス（小麦粉麺の意味）」とでもなるかなと思っていたら、そんな麺料理はすでにあるそうだ。

戦時下の日本では、敵性語禁止とかで、野球のストライクを「よし」とか、アウトを「ひけ」などと呼んだ。日本語追放運動も、それと紙一重では、と思うこともある。ひょっとしたら、そんな「敵性語追放意識」は、日本に支配された時代に身につけたのかもしれない。

休憩所の売店も、かつては街の市場と似て、テントが風に揺れる露天風の店が多かった。それが一気に「サービスエリア」になり、売店もキオスク風になった。ミニコンビニまがいの店頭に、一昔前に流行った、体をゆすりながら演奏するぬいぐるみ人形を並べて、じゃかじゃかやって賑やかだ。板飴売りやなつめ饅頭《まんじゆう》の売店があるのは昔からだが、土産《みやげ》用の箱詰め菓子コーナーはやはり見かけない。日本にあって韓国の旅でないものの第二弾は、地方の銘菓だ。

韓国の知人に尋ねると、

「手土産を持って知人の家に行く習慣は、いまでもないですから」

と、あっさりした返事が戻ってきた。

「日本では、よその家に行った時には必ず、『お邪魔します』と挨拶しますね。それは、訪ねることは、相手に迷惑をかけることだからです。韓国人は、他人の家に遊びに行くのがお邪魔になるとは、まったく考えません。友達の家に遊びに行ったり来たりするのは日本人より頻繁《ひんぱん》です。お互い気軽に行き来できるのも親しい仲だからでしょ。旅先で土産を買って持って行くこともありません」

知り合いの主婦は、こう言ったものだ。

「日本人は、『これ、気持ちです』と手土産を渡すでしょ。韓国では『気持ち』は通用しないのよ。それなりに高価な品を渡さなきゃいけない相手か、土産いらずか、どっちかなの」

それでも、韓国の人に一番喜ばれる手土産は、やはり、日本の銘菓だ。それも甘いもののほうが良い。辛いキムチの国だからか。この頃は、ちょっと日持ちがするクッキーなども喜ばれる。渡した相手が、その場で包みを開け、職場のみんなにおすそ分けすることはあまりない。

そういえば日本では遠い時代から、旅が人生の楽しみ、庶民の喜びのひとつだった。『伊勢物語』が書かれ、江戸時代には『東海道中膝栗毛』が人気を呼び、お伊勢参り、大山《おおやま》詣や金比羅《こんぴら》参り、富士講など、民間信仰の中に娯楽があり、余暇を楽しみながら商売の御利益にあやかろうとした旅が盛んだった。大名行列のような、カネをじゃんじゃん落としまくる旅もあって、街道は整備され、宿場町（旅籠《はたご》）を発達させた。歌川広重《うたがわひろしげ》『東海道五十三次』の浮世絵を見れば、江戸の街道は、

〽箱根八里は馬でも越すが……

の歌のように、険《けわ》しい山も山肌《やまはだ》にそってゆっくりと登る道が続き、あちこちに見どころや、距離を測るように宿場町があって、大きな荷を馬に載せて運ぶ人や荷車の列、お供《とも》を連れた女将《おかみ》や、お侍さんの一行と、さまざまな人たちが行き来する旅文化

が育まれていったことが分かる。「四国八十八カ所巡礼」はいまでも大人気で、定年退職後にはお遍路さんになってゆっくり回りたいと願っている人は多いだろう。旅はいつも身近にある、人生の楽しみだった。

江戸時代と重なる韓国の李朝時代には、どんな旅があったのだろうか。

「そのころは、あまり旅する人はいなかったようです」

と、韓国の大学の名誉教授が続ける。

「私の曽祖父は、李朝末期のころ、韓国中部で朝鮮ニンジンを扱っていました。その村から朝鮮ニンジンの産地の一つだった開城《ケソン》や釜山《プサン》に旅行したことがありました。曽祖父は、北の開城のほうはどうかと様子を見にいったようです。釜山には、温泉目当てに出かけた、言ってみれば市場調査とか慰労とかの旅だったのですが、その時代にそういう旅をした人はまだ珍しかったです。酒幕に泊まり、支払いには、葉銭《ヨプチヨン》（銅銭）を使ったという話です」

酒幕はあちこちにある粗末な酒場で、滅多にいない旅人が泊まるところは、そこしかなかった。もともと地元の酒飲み相手だから、泊まっても宿代は請求されず、飲んだ酒代だけ払えばよかった。夜は勝手に泊まることができる居酒屋のようなものだ。

貨幣経済は李朝時代を通じてあまり発達しなかった。葉銭が一般的に使われるようになったのは一八世紀になってからだった。それも限られた地域で、限られた人々の間だけだった。今でいえば、五円とか十円玉の小銭だから持ち運ぶのも大変だった。葉銭より高額の通貨があるにはあったが、一言で言うと、葉銭との交換比率が約束通りにならず、役に立たなかった。極端な話、きちんと価値が決まった「お金」という支払手段がない李朝では、お楽しみの旅はそうやすやすとはできなかったのだ。

酒幕の常連だった里の客は飲み代をどうやって払っていたのか。自分の耕している田んぼの中で一年分の飲み代分に充てる分を酒幕の女将と決めておき、そこの収穫を差し出したそうだ。韓流ドラマを見ていても、客がカネを支払うシーンがないのはそういうことだからだ。

ものの本によると、酒幕の女主人は未亡人らが多く、夜の相手もしてくれたところもあったようだ。江戸時代の旅籠にも、その類《たぐい》の女性がいた。そんな文化は日韓ともよく似ている。

東海道中膝栗毛と李朝の街道経済学

李朝時代には、現在のソウルから各地の行政、軍事の拠点や港などに通じる大街道が十本（資料によって異なる）あった。いわば国道級幹線道路というわけだが、これが、目的地に向かってひたすらほぼ一目散《いちもくさん》に山を越え、川を越える道だったそうだ。ご承知のように、朝鮮半島には一部を除いて日本のような険《けわ》しい高山はないから、獣道《けものみち》のようなところをつないでも、都から地方へと一直線に結べた。そういう地形だから、攻められると一気に都まで落とされたと言えるが、街道の様子は同時期の日本とは相当に違った。

江戸では、近江商人や富山の薬売りなど、全国の街道を足しげく往復する商人たちがいた。すでに貨幣経済と為替《かわせ》制度が十分に発達していたからだ。江戸で通用する小判と浪花《なにわ》（大坂）で通用する銀貨、そして銭貨の交換が成立していた。藩ごとの藩札もあったが、それも両替できた。

住友や三井といった今の日本の老舗企業は、元をただせば、これらのカネを日々の相場で交換する両替商だった。当時の日本の貨幣経済の発達ぶりは世界の最先端で、江戸と浪花では違う交換価値から生まれる相場の差で両替商は儲けたそうだ。米相場では先物取引があった。江戸から浪花、浪花から江戸と、情報を伝える飛脚が街道を走り抜けた。余談だが、日本で新聞が発達したのも、当時の商業都市であった浪花が、為替の変動や商品相場に直結する江戸の情報を必要としたからだ。それで、朝日新聞も毎日新聞も大阪で生まれた。

李朝の朝鮮半島の実情はいかがだったか。こんなことが書いてあった本があった。

「遠くに荷を運んで商売するような商人《あきんど》はいなかった。蜜は作れるが塩がないとか、麻はあるけど綿布がない地方に、塩や綿布を運べば大儲けだったろうと思われるが、そんなことをしたら、馬の借り代で儲けは消え、骨折り損のくたびれ儲けになるだけだったのだ」

未成熟な貨幣経済の下《もと》では、ソウルと釜山の間を駆け抜けて利ザヤを稼ぐような商売が生まれるはずもなかった。街道の華《はな》、急ぎ足の飛脚の必要もなかった。

そういえば、日本には塩街道があって、新潟や三河から信州の山奥に塩を運んだ。鯖《さば》街道もあった。有名なのは若狭《わかさ》湾から京都に運んだ街道だ。鰤《ぶり》街道も有名だ。富山湾から高山へさらに松本へと、深い山々を越えて運ばれた。それで、日本の正月の尾頭付きの祝い魚は、この鰤街道で東西に分かれた。鰤街道より西の地方の元日の食卓の主賓は鰤で、東は鯛《たい》になったことはよく知られた話だ。

李朝と異なり、何日もかけて塩街道や鰤街道を通って品々を運んで骨折り損にならなかったのは、季節になれば必ず鰤が来ると待っている客がいて、宿があり、お金が回る仕組みが出来上がっていたからだ。李朝では為替も一部の御用商人らの間での話で、普通はコメや布で物々交換の取引だった。代金に米を受け取り、よっこらしょと持ち帰るのでは、手間は二倍だ。近江商人が生まれなかったのも無理はない。カネが回らなければ、街道インフラは育たない。

韓国史学の主流の考えはいまでも、こうだ。

「李朝末期にはすでに資本主義の萌芽《ほうが》があった。しかし、植民地への転落でその芽《め》は摘《つ》み断たれた。植民地にならなければ朝鮮は独力で資本主義国に成長していた」

これは元来、社会主義の北朝鮮で生まれた学説という話もあるが、日本でもこの韓国史学の考え方に同調する人たちはいまだに多い。昔から、朝鮮半島が植民地に転落したのは、李朝による停滞が続き、開国が遅れたうえ、帝国主義の時代の中で国論はまとまらず、財政も不安定で聡明な指導者にも恵まれなかったから、などの見方もよく言われている。

産業化を続け、経済システムを育てていた江戸時代の日本との違いは、街道を眺めただけで歴然としていた。鎖国から目覚めるや、日本が短期間に西欧列強に伍《ご》せる国へ進めたのは、金融の世界での信用制度を含めて、経済活動全体が近代化していたからだ。資本主義の萌芽が朝鮮にあったかどうかではなく、経済を充実させ、発展させるシステムを李朝が追求していたか、だ。

この点を韓国のナショナリストは軽視しがちなのではないか。逆説的に言えば、日本社会も絶えずシステム革新し続けていかないと、脱落していくということだ。

局番なし1330番大奮闘

韓国の電話番号で、「1330」をご存じだろうか。韓国内のどこからでも局番なしでつながる無料の旅行案内番号だ。観光立国・韓国の優れもののひとつだ。二十四時間、日、英、中国語で応対しているが、ただの観光案内とはわけが違う。

分かりやすく、日本観光に置き換《か》えて、電話口でこう尋ねたとする。

「いま、横浜にいます。これから深夜バスで金沢の兼六園に行って、それから京都に行きたいのですが」

すると横浜からどうやって、どこに行けば一番安い深夜バスに乗れるか、そのバスが朝、金沢に着いてから兼六園に行くバスの番号、さらに京都への行き方を調べて教えてくれる。親切な担当者だと、利用するのに手軽なホテルまで教えてくれる。旅の異邦人を助けたい気持ちが受話器から伝わる、こんな電話案内は日本にあるだろうか。大阪駅の案内カウンターで伊丹《いたみ》空港への行き方を聞いた。返事はこうだった。

「JRの案内しかここはできません」

日本にないサービスといえば、「赤い制服の歩く観光案内所」もそうだ。ソウルの明洞《ミヨンドン》など観光客が多いところに必ず、昔のバスの車掌さんのような赤い服を着て、胸から自分が話せる外国語の札をぶら下げ、観光客を助けている。道案内はむろん、近所で人気のカルビタンの店も教えてくれる。みな、ボランティアではなく、韓国観光公社やソウル市などから給料が出ているところがミソだ。

ソウルで人気が高まっている、伝統家屋が並ぶ北村韓屋村でも、赤い制服の彼女たちが活躍していた。残念なことに、観光客が一塊になって家並みを写していると、一軒から若い女性が飛び出してくるや、「写真を撮るな」と怒鳴《どな》って、門内に戻った。理由は言わなかったが、タダで写されるのが癪《しゃく》なのかもしれない。困ったものだ。

ミニコンビニのような「情報センター」もソウルだけで、二十カ所以上はある。ここでは、冷えた水で喉《のど》も潤《うるお》すことができる。清渓川そばにあった韓国観光公社の情報センターでは、必要な情報をプリントまでして渡してくれた。「なせばなる」を体現したこの観光政策は、日本も十分に参考にできるものだと思う。

話を戻すと、朝鮮半島では昔からこういう諺《ことわざ》が伝わる。

「噂は一日で千里を走る」

ソウルの政情が一日で朝鮮半島一帯に広がっていくという意味だ。旅人もまばらなのにどうやって誰がそんなに早く伝えたのだろうか。伝えたのは、背負子《しょいこ》にその日の商い分の荷物を積んでは、近在の市に出かけていく褓負商《ホブサン》たちだった。彼らの口から口へ、耳から耳、市から市へと噂はあっという間《ま》に朝鮮半島の南北、東西を駆け抜けた。交通網が未発達の中で情報を握っていた褓負商は、賤《いや》しい身分とされていたが次第に政治力を増し、結束力を高め、李朝の経済を牛耳《ぎゅうじ》る裏組織のような存在となった。ギルド化した褓負商の存在が逆に、近代的商業の発達を阻《はば》む原因にもなったという説もある。

それはともかく、李朝の街道の主役は、地方の「御代官」に任じられ、任期中にどうやってやりたい放題を楽しみ、カネを貯めようかと、道中も頭が一杯の両班、その分け前にあやかろうとする地方視察の役人や兵士などの「公務」組だった。

この人たちは、酒幕などではなく、お供《とも》ともども専用の官営施設「駅」「院」に泊まった。旅の主役が宿に泊まらずに宿場町や旅籠が発展するはずもない。高官は、地方の両班などの家の世話にもなったが、泊めるほうは、機嫌を損なえばたちまちお目こぼしがなくなるだけに、お来《こ》しいただいた喜びを表わすのにさぞかし神経を使ったことだろう。求められれば、妾《めかけ》はむろん妻女までお相手をさせなければならなかったという話も聞いたが、

「娘は人前に出さなかった」

と、ソウルでお世話になったお母さんが話していた。そっちが本当だろう。

韓流ファンならご存じだろうが、郷土料理の「安東チムタク」で紹介した安東の河回村に韓流スター柳時元《リュシオン》さんの実家がある。堂々とした両班屋敷だ。大門の右側の壁を見ると、ちょうど手がすぽっと入る丸い穴が開いている。何に使う壁穴だったのか。

科挙の試験を受けにいく儒生のためだった。両班屋敷では、科挙の季節になると、ソウルに向かう儒生がその穴から手を入れれば腹を満たせるように、壁の内側に食べ物を用意していたのだ。合格した時に備えて、保険をかけるつもりで恩を売っていたと見るのは、意地悪すぎるか。科挙に合格し、馬にまたがり大騒ぎしながら帰郷する儒生の姿も、李朝の街道風景のひとつだった。行く先々で大歓迎を受け、両班の家に上がり込み、その家の味を楽しんで帰郷した。

税金は名品の母

それにしても、浮世絵に描かれた賑やかな江戸の宿場町と、李朝の街道風景がかくも違ったわけは何なのか。江戸時代の暮らしに詳しい知人に尋ねると、こう教えてくれた。

「江戸時代の税は物納でしたが、農民へは決まった土地から採れた米にだけ課税した。開墾した田や、野菜などは対象外だった。余禄が持てた農民たちは、湯治や楽しみの旅をする余裕も生まれたのでしょう」

農閑期の湯治が温泉と結びついた郷土土産のこけしや縁起物という民芸品を生み、各地で特産品を競うようにもなった。

日本では当たり前だが、韓国にはない旅の楽しみの三つめが、その地方毎の伝統工芸品のお土産だ。鳴子《なるこ》のこけしや、箱根の寄木細工、同じ人形でも個性が違う京人形と博多人形、輪島《わじま》塗対会津《あいづ》塗といった、地方ごとの色合いがはっきりし、職人が技を競い合った、その土地にしかない丁寧な名品の土産が韓国ではあまり見当たらない。

もちろんないわけではない。古い韓屋《かんや》とビビンバで有名な観光地、韓国西部の全《チユン》州《ジュ》には韓国伝統の韓紙博物館がある。韓紙が素材の箱や飾り物や家具までを並べ、即売している。ただ、作品のほとんどは長い年月の間に磨き上げられた職人の技による伝統工芸というより、韓紙ドレスのようなアイデア商品が目立つ。昔からの伝統工芸品である韓紙の箱物の味わいも、ほとんどソウルで売っているものと変わらない。極端なことを言えば、古都・慶州に行こうが、港町の釜山に行こうが、土産屋で売っている品はソウルの免税店で手に入るのだ。この土地のものと言えるのは、済州島《チェジュド》の溶岩で作った人形・トルハルバンぐらいかもしれない。

時代を重ねてきたご当地ならではの工芸品を、手ごろな値段で提供できないのはどうしてか。焼き物ひとつでも、京都で清水焼、北陸の九谷焼、栃木は益子焼……と、旅の先々でその土地の名品に出会える日本。韓国には青磁や白磁などがあるけど、どこでも、素人目にはその風情も変わらない青磁風、白磁風がほとんどだ。

韓国の大学で陶磁器を専攻したデザイナーに言わせると、こうなる。

「青磁、白磁といった伝統の品は、当時の土がいまはなく、もうああした素晴らしいものは作れない。現代作家による新作の陶磁器には、昔のものとは違う魅力がある。

でも、いろいろな土地で、その土地の土を生《い》かした作風を築き上げようという作家がおらず産地もほとんどないので、土地の名品として売れる工芸品に育たない」

「日本に行って驚いたことは、日本ではちゃんとした陶磁器が、そこの土地の土産店でそれなりの値段で並べられていることだった」

貝細工の飾りに目が奪われる螺鈿簞笥《らでんだんす》は、韓国のお金持ちのオンドル部屋に行くと、でんと置いてある民芸家具だ。日本の衣装簞笥と違い、たたんだ布団をしまう押入れ替わりにもなっている。一九八〇年代に、その産地のひとつである韓国南部の海の町、忠武《チュンム》(現在は統営市《トンヨン》)の簞笥職人の仕事場に行ったことがある。釜山から高速バスで一時間四十分ぐらい。段々畑に植えられた柚子《ゆず》の実が夕日に浮かんでいた。驚いたのは、作りかけの飛び切り高額の簞笥の裏板が薄い、粗末なベニア板だったことだ。世話になったソウルの家の螺鈿簞笥もそんなものだったのかと、何かがっかりした。輪島塗の職人に、韓国の漆製品は漆を塗る回数が日本の三分の一ぐらいと聞いた。先の韓国新聞社の東京特派員の知人は、こう強調する。

「韓国は、生きていくのが精いっぱいだった社会が長く続いた。どうしても生活必需品が優先されたから、地方の民芸品やお土産などは後回しだった」

多彩な工芸品がないのは、平たくいえば朝鮮半島の職人の歴史は、奪われるだけの歴史だったからだ。新しい技術や産業が育てば、宗主国の中国に職人ごと連れて行かれかねなかった。李朝が取った自衛策のひとつが、何の殖産も図らないことだった。その一方で、特権階級の両班たちは、ただ政争に明け暮れ、民衆から収奪するだけの存在だった。民衆は疲弊し、技術を磨き、傑作を残そうとする職人魂のような気風が育たなかったのは、当たり前だ。

李朝時代の農民への税は、元々の米の一割だけでなく、軍役や労役、貢物や特産品の献上高はなんだかんだと嵩上《かさあ》げされ、農民は困窮化する一方だったことは、さまざまな研究で明らかにされている。灌漑《かんがい》用水作りに駆り出されて疲労困憊《こんぱい》の挙句、完工すると、「代官様」である両班から、水代を取られた。代官様は、渡しにもみかじめ料をつけた。代官様の実入りは俸給の十倍以上だったそうだ。

その分だけ、人々は困窮したわけだ。一五世紀から一七世紀には朝鮮半島の人口の半分以上が、両班から物扱いされた奴婢だった。モノだから、両班の奴婢から税を取るわけにいかず、李朝の財政逼迫《ひっぱく》の一因になったが、その分、税を払う普通の農民らの負担は、より厳しくなったろう。

話は飛んでいきなり二一世紀だが、軍事境界線を挟んだ北朝鮮は社会主義国だから、建前からすれば税はない。しかし実態は李朝の再現のようだ。

「やれ道路工事だ、灌漑用の池づくりだと、年がら年中、労役に駆り出される。遠くに労役に行かされる時でも、食料は自分で用意しないといけないし、こっちの負担のほうが大変だ。それに、やたら献金をさせられる。税金を払うだけで済む資本主義社会のほうが、よっぽどいい」

脱北者の一人がそう憤《いきどお》っていた。

二章の冒頭に紹介した韓国首相経験者が一言、こう断じた。

「韓国人の地方自治への意識は、まだ十分とは言えない。中央集権体制時の意識が消え切っていない。それが、現代の韓国でもいろいろな面で表われている」

地方の郷土料理が広がらず、特徴のある駅弁がなく、地方色豊かなお土産が生まれないのも、人々の意識がみなソウルに向いているからだ。韓国はどこを旅しても、どの町に行ってもミニ・ソウル——ソウルのコピーなのだ。知り合いの主婦が言った。
「韓国はソウルがすべてなの。ソウルとそれ以外しかないの」

情だけが残った

一昔前、ソウルの市庁前のロータリーのはずれ、徳寿宮《トクスグン》のそばの市内バス乗り場の前に「ナグネ」という茶房があった。「ナグネ」とは、あてもなく漂《ただよ》う「さすらいの旅人」のことだ。入口には、ホームレスのような格好《かっこう》で旅を続けている男の後ろ姿の写真が飾ってあった。韓国人が感じる旅の美学が男の後ろ姿に込められていたのだろう。

ナグネのほかに旅する人と言えば、李朝に排斥された仏教寺院の奴婢だった女たちが集まった寺団だけだ。夜は求められれば春を売った女の旅芸人たちだった。

女だけでなく、寺の僧だった男たちも旅芸人になった。こちらは男寺党と呼ばれ、男色も売ったが、そんな人たちは、どこに泊まったのか。たぶん、河原とか、そのあたりで野宿したのだろう。旅行業界で働く人が、こんな話を聞かせてくれた。

「朝鮮では夜が更《ふ》けても泊まるところがない旅人が家の前に佇《たたず》んでいたら、家にあげて食事をとらせ、泊まらせてあげるのが当たり前でした。それがこの国の民族が持つ情の世界でした。李朝のあんな時代でも、世の中がなんとか持ったのは、そうした情の強い民族だったからですよ」

李朝も徳川幕府も「士農工商」の身分社会だったが、李朝の実態は、階層社会だ。王族や両班、医者、通訳官などの支配層と、それ以外の「農・工・商」たち、「奴隷」階層と二極化した社会だった。生のすべてを特権階級が握っていた社会で、庶民の余暇としての旅は、夢のまた夢だったろう。激しい収奪にさらされるだけだった人々の無常が、生きることも死ぬこともおかまいなしで、何にも縛られず、ただすらうナグネへの憧憬《しょうけい》を育んだ。

日本の敗戦で一夜にして流民となり、北朝鮮地域から日本へ向かって、ひたすら過酷な旅を続けた引き揚《あ》げ者の話を聞いていて、印象的なことがあった。

「北朝鮮に出来たばかりの保安隊が、道中の町村に引き揚げの日本人に飯をやったり、泊めたりしてはならないとのお触れを出していました。しかし、子ども連れの日本人の家族が家の前を通りかかると、家にあげて飯を食べさせ、部屋を空《あ》けてくれる農家の人たちがたくさんいました。助けてくれたのが保安隊にばれたら、かえって迷惑がかかるからと断わっても大丈夫だ、大丈夫だと食事を出してくれました……」

もちろん、北朝鮮からの旅は過酷だった。飢えと疲労と病と寒さだけではない。日本人の引き揚げ者の群れの中に娘を見つければ、ソ連兵に密告した輩《やから》も、解放された朝鮮の人々だ。米軍も日本女性を襲った。国破れた人々に一晩の世話をしてくれる情の濃さに感謝し、李朝時代と変わらぬ卑劣な残忍さに喘《あえ》ぎながら、日本人の引き揚げ者は祖国を目指した。

いま、韓国は総延長距離四千キロの高速道路網や韓国型高速鉄道で結ばれ、全土がほぼ一日交通圏だ。朝、ソウルを発《た》ったある日、高速道を飛ばしてソウル近郊へさしかかった時、かつては禿山《はげやま》を照らすだけだった大きな夕日が、広大な高層団地群の背後に沈む姿を見せ始めた。シルエットになって茜色の空に浮かぶ繁栄の韓国。

それでもなお、ナグネへの憧れは韓国社会から消えない。それは、理不尽な生き辛さがいまもなお人々の前から消え去っていないからだ。

4 国の宝、山中銀行に千ドル貯金の洋公主を探した旅の記憶

落とし子は輸出

そこはまるで、西部劇の映画に出てくるような街だった。日本式のガラス戸の店には不釣り合いなほど大きい英語の看板が並んでいた。前の空き地に練炭が無造作に捨てられ、乾ききった道に枯草がクルクルと舞っていた。米軍基地の町のいくつかの「基地村」を回る旅をしたのはもう遠い昔、一九七一年の春が近づいてくる頃だった。日韓国交正常化五十年の年にこの街を再び訪れた。記憶の中では、吹きさらしのホームだけだった駅は、巨大なモールに変貌し、人々が吸い込まれ、吐き出されていた。基地のゲートに続く通りに、日よけの布庇《ひさし》の色がすっかり褪《あ》せていたテーラーがあった。店の奥の椅子《いす》に手持ち無沙汰に座っていた親父《おやじ》が通りに出て来て、つまらなそうに言った。

「五〇年代初めに洋服づくりを覚え、この店を始めた。昔はずいぶんと流行ったよ」

向かいのバス停のベンチに若い女性が一人、足を組んで座っていた。

結局、探していたテーラーは見つからなかった。

七一年の春を待つ頃、「テーラー・エスクワイア」前の空き地に、濃い栗色の髪をした五、六歳の子どもが遊んでいた。着古した赤いセーター。青い毛糸を編んだズボンも毛羽《けば》立ち、毛玉だらけだった。豊かな米国そのものの顔立ちにそぐわない貧しい身なり。一目で、この村の韓国人売春婦と米兵との間の混血児と分かった。カメラを向けると、ほかの韓国人の子どもたちと一緒にはしゃいで、カメラに飛びかかるような真似をしておどけた。その後ろを、白いコートの売春婦が通り抜けた。

子どもたちを写しながら歩いた。なだらかに曲がる坂を上がり切ったあたりで、目の前にタクシーが停《と》まった。女が一人乗っていた。金を払って降りようとする女の顔を男の子が覗き込むように見た。女も気がつき、男の子をしばらくじっと見つめ、いきなり視線を外した。その時、空車になったタクシーを見つけた米兵が駆けてきた。

ゲートの前で、髪が銀色に近い、男の子より少し幼い少女が一緒になった。キンカン色のセーターも古びていた。ゲートを背に二人の写真を撮ろうとすると、男の子は左胸に手を当て、敬礼の仕草をした。日本語そのままで「アイノコ」と呼ばれていたこの子たちは、韓国社会に受けいれられることなく、ほとんどが養子として欧米に連れていかれた。この二人も元気ならきっと、異国で初老を迎えているだろう。

祝福されての誕生とは言えない子どもたちを養子として海外に送り出す国際養子輸出は、韓国政府などの統計では、七〇年までは約一万人。欧米行きだけが、韓国社会の偏見と差別からアイノコの生を守る一番の方法ではあったとしても、朴正熙政権、全斗煥政権時代は、年五千人から八千人に及び、七一年から八五年までの累計は計八万人にもなった。

韓国のインターネット新聞が二〇〇七年に報じたところによると、朝鮮戦争休戦の一九五三年に初めて朝鮮戦争孤児が養子として米国に渡ってから、二〇〇七年までに、約十六万人が「海外輸出」された。その人数は圧倒的に世界一だった。

混血児や未婚の母の子だったこの子たちは、「単一民族国家」というプライドのために、純血主義の家父長制から合法的に排除され、国から捨てられたのだと、記事は指摘していた。韓国は「輸出」で福祉費用を抑制できた。養子仲介業者は二〇一三年で一人一万四千五百ドルから二万ドルもの高額な縁組仲介料を手にできた。韓国が、「養子ビジネスの国家」と、顰蹙《ひんしゆく》を買う所以《ゆえん》だ。

別の韓国メディアでは、海外養子の子は、障害児の割合が異常に高いとしている。

あるインターネットニュースサイトでは、二〇一四年の韓国内での行方不明児童四百九十人の中には、誘拐された挙句、孤児として輸出された子がいかねないとしている。昔から行方不明児が輸出されていると、よく噂され、スーパーに並ぶ牛乳パックには、行方不明の子どもの顔写真が印刷されていた。買う気も失《う》せた。

朝鮮戦争の休戦時、韓国には三十万人の売春婦がいたと言われる。戦争未亡人も多かった。韓国軍や「外軍」、つまり米軍将兵を基地周辺の歓楽街「基地村」で相手にする「軍隊慰安婦」は、「洋公主《ヤンコンジュ》」と呼ばれていた。「洋」は西洋人、「公主」は王侯が産んだ「お姫様」の意味で、米兵相手のセックス姫というわけだ。一九五〇年代、六〇年代には三万人ぐらいはいたと言われているが、正確な人数は分からない。

一方、街の女は「娼女《チャンニョ》」「娼婦《チャンブ》」と呼ばれていた。一度、洋公主になった女性は、基地村を離れても、娼女の街で稼ぐことはできなかった。娼女が仲間と認めなかったからだ。異国の男に抱かれた女を、韓国の男たちは誇り高きゆえに抱こうとしなかったとよく言うが、洋公主が登場する韓国映画を観ると、稼ぎが目当てで洋公主のヒモになりたがる男はたくさんいたようだ。色と欲の世界だ。当然の話だろう。

基地村の路地に入ると、真っ昼間というのに、ブロック建ての平屋の壁の前で、ジャンパー姿の女が米兵に声を掛けていた。ソウルからの市外バスターミナルに行くと、スーツケースをひとつぶら下げた若い女が降りてきた。それほど化粧気がない顔からは、故郷から戻って来たのか、初めてこの基地村にやって来たのか、判別はつかなかった。

基地の正面から出て来た米兵と女が、何も言わずにゲート前に並んだタクシーに乗り込んだ。基地の中のクラブでは、酒を飲み、騒ぐだけ。それから先は女の部屋や安宿へ行ってから、が決まりになっていた。

基地のフェンス沿いの道を黒セーターに白い木綿のズボンをはいた若い女性二人が、急ぎ足で歩いていた。ついていくと、タイル張りの壁に「国連軍専用」のプレートが貼られた店のドアを押した。「アリランクラブ」と看板にあった。ドアの向こうに消える瞬間に、髪の長い女が振り向いた。カメラのファインダー越しに、化粧前の細い眉を少し寄せた丸い顔が見えた。

通りに戻ると、停めたタクシーの脇に空き地で見かけた白いコートの女が、黒人兵と年がいった韓国人の男と一緒にいた。男は女衒《ぜげん》に違いなかった。その様子を学校帰りの中学生が眺めながら通り過ぎた。話がまとまらなかったようだ。女衒の男は、女を連れて足早に歩き去った。

売春婦の間で洋公主と娼女の区別があったように、洋公主の間では、「黒」と「白」の区別があった。黒人に体を売るか、白人用の女か、だ。白いコートの女は、「黒洋公主」だった。最初の男が「黒」なら、後はずっと黒だった。白人将兵が抱こうとしなかったからだ。

どの基地村にも必ず、引き戸のガラスに、「MARRIAGE」「PASSPORT」「VISA」「ADOPTION」「TRANSLATION」と白ペンキで書いた店があった。並んだ戸には韓国語で「国際結婚」「パスポート」「ビザ」「養子」「英文手紙」と書いてあった。ウィンドウに制服姿の米兵と澄《す》まし顔の洋公主の記念写真が飾られていた。たぶん米兵が前借り金をチャラにし、花嫁として米国に連れて帰る、となったのだろう。少し斜《なな》めに傾いたパスポート用写真の額を覆《おお》うガラスが夕陽を跳ね返して光っていた。

この街でどれだけの女が羨望のまなざしで、生涯の伴侶を得た洋公主の写真をガラス越しに眺めながら通り過ぎたろうか。米国へ向かったのは四千人とも六千人とも、もっと多くだったといわれるが、これも正確なところは誰も知らない。

はっきりしているのは、解放後の在米韓国人移民社会の嚆矢《こうし》のひとつが、この米兵と結婚した洋公主と呼び寄せられた肉親たちだったことだ。もうひとつが、すでに触れた、洋公主と米兵の間に生まれ、「養子輸出」された子どもたちだ。その後、北朝鮮から韓国へ逃れたものの、韓国社会になじめない人たちも米国に向かった。

洋公主や彼女たちが米国に呼び寄せた肉親らは、合わせると二十万人にのぼるという説もある。これはさすがに多すぎると思うが、養子輸出された子どもを含めて、その半分ぐらいが妥当なところかもしれない。

花嫁になった洋公主の四割は離婚した、とのレポートをどこかで読んだ。最近では八割離婚説があるようだ。数字はともかく、離婚した彼女たちが米国で生き抜くためにできる仕事と言えば、再び身を売ることしかなかった。米国社会における韓国人売春のルーツも、元洋公主、つまり米軍慰安婦だった女性だったのだ。

GNP25%の稼ぎ主

別の基地の街では、後部座席に女を乗せた米兵のバイクが市場を轟音《ごうおん》とともに走り抜けて行った。米兵と肩を寄せて歩く女の顔を、リヤカーを引いた屑《くず》屋の老人が、すれ違いざまに見つめていた。米軍のジープが埃《ほこり》を巻き上げて走る道を毛皮にパンタロン、きれいに化粧した顔にサングラスの小洒落《こじゃれ》た女が、颯爽《さっそう》と歩いていた。

人影もまばらな通りでは、縫い糸がほどけ、真っ二つに割れた背を糸でくくった分厚いオーバーを着こんだ少年が、米兵が通り過ぎるたびに空き缶を差し出し、カネをせびっていた。

洋公主たちは、基地村で四つのタイプに分かれていた。

ひとつは、韓国民ならば皆持っている国民登録証で身元を証明し、公認パスをもらった正規軍だ。彼女たちは、ゲートの外から米軍の専用バスで基地内のクラブに届けられ、客が見つかるとゲート前に並ぶタクシーで自分の部屋などに連れて行った。

二つ目が、基地の外の米兵（国連軍）専用クラブに雇われている洋公主。店の経営者はもちろん韓国人で、月五百ドルを政府に上納していた。三番目が街角で客を取る女。日本語そのまま、「タチンボ」と言われていた。四番目が特定の米兵と契約して相手をする女性。日本では「オンリー」と呼ばれた女たちだ。

一九六二年、朴槿恵大統領の父、朴正煕大統領は、第一次経済開発計画をスタートさせた。その年の韓国の一人当たり国民総生産（GNP）は韓国銀行の統計で約九十六ドル。首都ソウルの漢江《ハンガン》沿いや、タルトンネ（月に近い町の意）と呼ばれる小高い丘は延々とハコバンと呼ばれる掘立小屋が続くスラム街だった。日本との国交はなく、輸出額は年約三千ドル。貿易赤字が続く世界の最貧国・韓国で、手っ取り早い外貨稼ぎといえば、在韓米軍が落とすカネを狙うことだった。その最前線に立った女兵士が洋公主だった。その年、朴正煕政権は全国の「基地村」を売春防止法の対象から外した。

韓国紙の中央日報《チュンアンイルボ》は二〇〇八年に、一九六〇年代の韓国では国民総生産の二五％を洋公主ビジネスが占めていた、との在米の韓国人学者の見方を報じている。一九六五年の韓国のGNPは約三十二億ドルだった。八億ドル前後が洋公主がらみであったことになる。別の報告では、一人の洋公主が普通、親や兄弟など四人の家族の面倒を見ていた、とある。

一九六九年四月の京郷新聞《キョンヒヤンシンムン》は、登録パスを持っている、正規軍の洋公主だけで約一万三千人おり、稼ぎは月六十ドルから七十ドルだと報じている。そのドルは洋公主の抱え主や換金商を通じて闇ドル市場へ流れた。

彼女らにちなんで、「山中銀行」「自然銀行」という言葉が登場した。体で稼いだカネを誰からも奪われないために、近くの山中に埋めて隠している洋公主が多くいたからだ。「山中銀行」の預金高が千ドルという洋公主も珍しくなかった。当時の韓国人一人当たりのGNP約二百十ドルの五年分だ。そういえば、旧日本軍慰安婦の中にも、家を買えるほど稼いだ女性がいたそうだ。どこか似通っている。基地村を訪ねた当時、AP通信のソウル支局の記者が、こう教えてくれた。

「洋公主の一晩の値段は普通、靴一足分の十ドルだよ」

「欧米では、いつでも靴一足分が相場。ショートだとその三分の一か半分ぐらい」

貴重なドルを稼ぐ彼女たちは、「愛国者」と持ち上げられた。愛国精神から、韓国を守る米兵に体を与え、ドルを稼ぎ、国の発展のために人生を捧げる女性たちという意味だ。「民間外交官」とも称された。ベッドの中で米兵をたっぷりと満足させて、米韓の友好に貢献している女性たちだったからだ。

そんな言葉の裏に、朝鮮半島の男たちの、無力な自分たちへの情けなさと深い悲しみ、そして異国の男たちに身を任せ、カネを貯める女たちへの冷ややかな、露骨な侮《ぶ》蔑《べつ》、さらに自己卑下を飛び越えようとする諧謔《かいぎゃく》がまじりあった感情が見えないか。

韓国は、対峙する北朝鮮との緊張の中にあった。一九七八年には北朝鮮武装ゲリラ二十八人が侵入、青瓦台（大統領府）襲撃を図り、警察隊と銃撃戦をした。それに先立つ一九六九年四月、厚木基地を飛び立った米軍偵察機を日本海上空で北朝鮮戦闘機が撃墜。にもかかわらず、一九七一年春、駐韓米軍は約二万人削減され、四万五千人になった。北朝鮮との食うか、食われるかの緊張の中で、軍事面での不安が増しただけではない。

「削減で米軍からの調達品などで得ていた約一億六千ドルの収入が半減する」

経済への影響を、当時の南悳裕《ナムドクウ》財務部長官はそう語った。

在韓米軍の兵士は、フクオカやオキナワ、ヨコスカ、グアムの街を休暇や軍務で行ったり来たりしていた。一ドルでも外貨が欲しい朴正熙政権は、異国ではなく韓国の基地村でもっとドルを使わせようと、洋公主を集めては米兵へのサービスを向上するようはっぱをかけた。

「皆さーんは愛国者。誇りを持ってドル獲得に寄与しよう」

女たちの士気を高めると同時に、英語や米兵が満足する接待の仕方を伝授した。洋公主たちが毎月五十ウォンずつを出し合っていた自治組織「基地村婦人会」の壁には、こんなスローガンが掲げられた。

「肝《きも》に銘《めい》じよう！　我らの心がけ、身だしなみ、行動が即三千万民族の興亡に直結する！」

韓国の国会答弁では、一九七七年五月に朴正熙大統領が決裁し、署名した「基地村女性浄化対策」との書類には当時、「全国六十二カ所の基地村に、九千九百三十五人の米軍慰安婦がいる」とある。

「女性浄化対策」とは、米兵の「安全」を守るために、性病予防を徹底することだった。それほど、性病が蔓延《まんえん》していたということだ。旧日本軍が慰安所を開設した理由のひとつも、性病予防のためだった。軍と性病は切っても切れない関係のようだ。

基地村では一週間に一度、性病検査が行なわれ、性病を移された洋公主は、窓に鉄格子がついた施設「モンキーハウス」に隔離され、完治するまでペニシリンを打たれた。洋公主がいつも番号のついたネームプレートを胸につけていた基地村もあった。性病にかかった米兵が、相手が誰だったか、番号を憲兵に言えばすぐに捕まえられるようにするためだった。基地村の「性病管理所」がなくなったのは一九九一年にソ連邦が崩壊し、長い東西冷戦に終止符が打たれてからさらに四年後の一九九五年だ。洋公主になった韓国女性は延べで百万人という説もある。

鉄条網の前で

朝鮮戦争の戦火の中でも解放後の支配者だった米兵に乱暴される女性は後を絶たなかった。戦火が収まっても、基地村の内でも外でも痛ましい事件が相次いだ。

板門店《バンムンジョム》に近い最前線の基地村がある坡州《パジュ》では一九五五年、連れ歩いていた洋公主がいきなりいなくなったことで、米兵二人が逆上、韓国海兵隊員二人を射殺した。一九五七年三月、川辺で洗濯していた少女を強姦しようとして失敗した米兵が、腹いせに居合わせた人妻を射殺した。四月には二十歳の娘が強姦され殺された。七月、山で伐採していた村人を兵士二人が射殺。気に障《さわ》ることがあると韓国人を殴りつけ、リンチする程度の事件は日常的だった。

一九五九年には、ソウル北東の街、抱川《ポチヨン》の基地内で洋公主が兵士たちの眼前でいきなり裸にされ、殴られ、顔にペンキを塗られて追い出された。翌年、別の基地では洋公主二人がバリカンなどで坊主頭にされた。一九六二年五月には、米兵が口げんかからオンリー（特定の愛人）の洋公主を拳銃で射殺した。新聞は、この事件の四段記事の下に、釜山で娼婦になって家族を支えていた二十二歳の娘が厭世自殺したと六行で伝えている。

翌年三月には、ソウル北方の基地村の一つ、東豆川《トンドウチヨン》で米兵がオンリーの洋公主を絞殺した。事件は山のように起きたが、米韓地位協定で韓国に刑事裁判権はなく、加害者の米兵らは守られ続けた。しかし、洋公主はただやられるばかりでもなかった。

一九七一年七月十七日の東亜日報《トンアイルボ》は、韓国中部の基地村で二十三歳の洋公主が二十九歳の米兵に殺され、全裸で発見された事件で、慰安婦百人が兵士への厳罰を要求して米軍基地前でデモをしたと報じている。デモだけではない。この基地村では千五百人の洋公主が、二十歳で自殺した慰安婦のために、カネを出しあい葬儀を出し、墓を整えてあげた。洋公主になろうと村にきた娘にカネを渡し、故郷へ送り返した。

東豆川の基地村で一九九二年十月に、洋公主の尹今伊《ユングミ》さんが、膣《ちつ》にコーラ瓶、肛門には傘を刺されて殺されているのが見つかった。韓国のマスコミが大きく取り上げ、市民団体が激しく抗議した。冷戦の終結と軍事独裁政権の崩壊で、米国への抗議デモがすでに公然とできる時代になっていた。

米国内に立てられた元慰安婦像で鎮魂する霊には、在韓米軍兵に凌辱され、無残な死を迎えた、たくさんの韓国女性たちが含まれているのか。機会があれば、日本を糾弾し続けている米国のマイク・ホンダ議員に尋ねたい。

米軍兵の手にかかった痛ましい犠牲の上に、強国との間の不平等な地位協定の一部が是正されていった歴史は、日本も同じだということを、この議員は知っているだろうか。元慰安婦像がいつの日にか、洋公主で始まる戦後在米韓国人社会裏面史のメモリアルになってもおかしくないことは確かだ。

敗戦で焦土になった日本でも「洋公主」が存在した。日本敗戦後の一カ月間で少なくとも全国で三千五百人以上の女性が、米兵によって強姦されたと見られ、日本政府は米兵強姦事件を減らそうと、国営慰安所を設けたことは、今もよく知られている。『秘録　進駐軍慰安作戦』（鏑木清一著）によると、敗戦から六日後には、閣議で日本の女性を進駐軍の暴行、凌辱からいかに守るか、が話し合われ、国営慰安所設置が決まった。最初は秋田、仙台などの売春地帯の女性一万三千人を集め、八月二十八日に首都圏に進駐した米兵十二万人に対し三十カ所で開業した。未経験女性も集め、その中には開業して米兵を迎えた夜に、自ら命を絶った女性もいた。

だいたい、米兵四、五百人につき四十人位で相手をさせたようだ。一人十人強という計算だが、案外、旧日本軍慰安所の経験から割り出した数字かもしれない。中には開業日の一日、一人で三十九人を相手にしたケースもあると書いてあるが、それは異例だった。最盛期には七万人の女性がいた。

国営慰安所は、翌年三月十日にGHQ（連合国軍総司令部）指令で一斉閉鎖になった。短期間で終ったのはやはり、米兵の間に慰安所で移った性病が拡大したからだ。職を失しなった彼女たちは、「パンパン」と呼ばれた米兵相手の街娼になった。「性病を予防せよ」との米軍の厳命で、警察は米軍憲兵と一緒に夜の盛り場で街娼狩りをしては、性病の有無を無理やり検査した。

駐韓米兵の「モンキー狩り」と同じだった。たまたま盛り場を通り過ぎていた女性が捕まって、病院に送り込まれることもあった。吉田清治氏（故人）は著書『私の戦争犯罪』で、朝鮮半島での慰安婦狩り寓話を生みだしたが、その女狩りのヒントは、この日本での「街娼狩り」の光景にあったかもしれない。

老境の裁判と半裸デモの灯

朴槿恵政権が旧日本軍の朝鮮人慰安婦問題を糾弾してやまなかった二〇一四年、洋公主だった女性百二十二人が、

「韓国政府は米兵相手の慰安婦制度を作り、自分たちを徹底的に管理し、過酷な売春をさせた」

として、韓国政府を相手取り、日本円にして一人約百万円の損害賠償を求める訴訟をソウルの裁判所に起こした。支援団体は、旧日本軍慰安婦問題を追及している団体と重なる。ただ、洋公主の徹底管理を求めた米軍の責任を厳しく追及してはいない。

どうしてなのか。旧日本軍慰安婦問題で米国社会を味方につけておくためだろうか。米国内で旧日本軍慰安婦問題を追及する運動の背後に中国の影がある、という説がかねてから囁《ささや》かれている。日米を離反させようとする策略の筋書きから、「米軍不問」にしたのかもしれない。韓国社会の「正義」の叫びに不信を感じるのは、その裏にいつも都合のよいダブルスタンダードが潜んでいるからだ。

第一回公判が同年十二月に開かれ、国側が賠償責任を否定した後も公判は続いている。彼女たちは、こう主張している。

「朝鮮戦争後貧しくて、または人身売買されて基地村に来た私たちは、さまざまな暴力によって強制的に米軍に相手をさせられた」

「泥沼のような基地の村を出ようと、警察に助けを求めると、逆に連れ返された」

提訴した一人は、こんな身の上だった。

「母が再婚したが、十二歳の時に義父になった男に強姦され、義兄らも加わるようになった。十六歳の時に家出し、騙《だま》されて人身売買に会い、洋公主になった」

凄惨《せいさん》な人生であったことは確かだ。韓国の知人はこんなことを言っていた。

「洋公主だったおばあさんが、女性団体の誘いにのって裁判を起こしたのは、生活苦かららしいよ。基地村も都市化して家賃が高くなって、おばあさんたちの住めるところがなくなりそうになっている。国から賠償金を取れば家賃の心配が消える」

旧日本軍慰安婦のおばあさんたちが集会のたびに、

「日本からいくらもらえるかな」

と聞いてきては胸算用し、お金はこんなことに使うのよと、顔の皺をくちゃくちゃにしていたのを思い出した。元慰安婦も元洋公主も共に、泥沼のような貧しさからの脱出口を探し求めていたのだ。

旧日本軍慰安婦問題で日韓の亀裂が広がっていた二〇一一年五月、ソウル市内の売春街近くで約四百人の売春女性が、警察の売春取り締まりに抗議するデモがあった。真っ白に顔を塗り、下着姿になって、広げた横断幕にはこう書かれていた。

「生きる権利を保障しろ」

「売春を邪魔するな」

そう叫び声を上げながら街頭を走り回り、ガソリンをまいて火をつけた。

旧日本軍慰安婦問題を焚《た》きつけ、洋公主裁判を起こした市民団体の「両班」女性たちの目には、このデモはどう映っただろうか。その四十年前に、基地村の鉄条網の前に洋公主が並び、仲間の無残な死に抗議した時、一緒に手をつないで立った「両班の女」たちはいただろうかと、ふと思った。

そこまでしなくても、キリスト教のネットワークで結ばれた米兵の母や妻、女性たちに非道を訴え、連帯を求めたという報道の記憶は、私にはない。彼女たちの「市民運動」の実像がどのようなものかが、垣間見える気がする。念のためだが、彼女たちは血筋が両班につながる女性たちだと言っているわけではない。目まぐるしく支配層や価値観が変わる朝鮮半島で、いま力を持つ女性たちという意味だ。

韓国の現実の中で生きる売春街の女性たちは、何に苛立《いらだ》ちを募らせているのか。力あるものへの絶望。この国には力あるものと力なきものしかなく、力あるものは絶えず、より強い権力を求め続けてきた。かつて自分たちの性をドルに換えた政府が、売春街を潰《つぶ》そうとしているのは、彼女たちのより良き人生のためでなく、ただ力あるものたちがもっと偉くなり、もっと縄張りを広げて金を稼ぎ、もっと権力をむさぼり、もっと力を見せつけたいからだけだと、彼女たちの嗅覚が感じとったのだ。

その構造は、権力を糾弾する側も無縁ではなかろう。力を求める人々が、力弱き人々を本当に守ろうとした慈愛篤《あつ》き時代がこの半島にいつ来るのかと、半裸のデモ隊は、力ある女性たちに問いかけているのかもしれない。売春街の彼女たちが作った団体のホームページを覗いた。こんな文字が浮かんでいた。

「暗闇の希望の場所……」

再訪した基地村の短い坂の上にある、米軍軍団司令部の佇《たたず》まいには、見覚えがあった。洋公主を連れて出てくる米兵がタクシーに乗り込む姿を写したところだった気がした。その軍団司令部の向かい側の壁に三十歳代の年頃の主婦が壁絵を描いていた。彼女はこんなことを話していた。

「街の美化運動のひとつなの。昔描いた絵が汚くなったから。町内会で描き変えているの。軍団司令部にはもう米軍はいない。いまは韓国軍がいるわ」

遠い時代のことを主婦に尋ねる気持ちにはならなかった。夕刻、駅前に戻るとピカピカの舗道に立つ巨大な石の恋人像をピザハットのネオンが照らし、若い男女のグループがはしゃいで通り過ぎた。

三八度線からの冷たい風が吹き抜ける、乾き赤茶けた土の上に建っていた、白い米軍専用クラブの紫のドアガラスを押して中に消えていく女たちの後ろ姿は、すでにもうとっくにこの国の哀しい歴史の記憶のひとつから、実は消え去ってしまっているのかもしれない。

5

旅は「おんな買い」社会を支えた
孝女列伝第二弾、観光妓生《キーセン》

去りゆく米兵の後釜

駐韓米軍が大削減された一九七一年の一人当たりGNPは韓国銀行の統計で約二百八十八ドル。国連統計では、北朝鮮は推定四百六十ドル。韓国は依然として世界の最貧国で、北朝鮮より貧しかった。いくらサービス向上に努めたところで、ドルをばら撒《ま》く米兵が一気に減った現実は変わらない。どう穴埋めするか。目をつけたのが、世界第二位の経済大国を築いた産業兵士、日本の男だった。朴正熙政権は韓国の自主防衛化を急ぐ一方で、日本の男を一人でも多く訪韓させてカネを落とさせる、韓国観光公社が後ろ盾の国策としてのツアー型管理売春システム、妓生《キーセン》観光を始めた。

一方で一九七〇年代から八〇年代、日本の週刊誌で大人気だったヌードグラビアは、軍事独裁政権下の韓国では厳禁だった。空港で日本の週刊誌は有無《うむ》を言わさず没収した。韓国の公序良俗に反するということだった。

この時代、韓国でもっとも「エロ」っぽい雑誌が、女性の下着の広告が載っている女性向け雑誌になった。ブラジャーの広告写真などで、ブラジャーのてっぺんが妙にポッコリ盛り上がっていたりして、それが妙に生々しかったからだ。

映画でも、いまの韓流ドラマの如き露骨なラブシーンはご法度《はっと》だった。それらしくなるといきなり、ヒロインが浴室でシャワーを頭から浴びる場面に変わって、ラブシーン後を暗示した。それもスリップを身に着けたままという変な浴び方だったが、ずぶ濡れで浮き上がった乳首のあたりにシャワーの水が勢いよく流れ、素っ裸より「エロ」いといえば、そうとも言えた。韓国ドラマや映画ではいまでも、ここぞという思い入れのあるシーンで、ヒロインがざあざあ雨に打たれるシーンが多いのは、あの時代の工夫の名残だろう。

いまも紛糾を続けている超氷河期の日韓関係をもたらしたのは、実は「妓生」かもしれない。韓国教会女性連合会が「妓生観光抗議アピール」を出すと、一九七三年に日本で売春反対運動を続けていた日本キリスト教婦人矯風会のメンバーらが同年十一月には訪韓し、日韓のキリスト教系女性活動家の連帯で本格化した。婦人矯風会のメンバーらは、羽田空港でデモをし、集会を開き、活発に反対活動を繰り広げた。

「妓生観光」とは、どんなパックツアーだったか。旅程は二泊三日か三泊四日。ソウルなどの韓国式の伝統家屋を模《も》した「妓生ハウス」でチマ・チョゴリ姿の韓国女性をはべらせて飲み食いし、アコーディオンやドラム、ギターなどの「生バンド」を入れて舞った。相方《あいかた》になった妓生が気に入れば、そのまま泊まっているホテルに連れて戻る。女は、男が韓国を離れるまで一緒というのが普通だ。ほかの女に金づるの男を渡さないための手管《てくだ》だが、それを韓国女性の純情と勘違いした男も多かった。

夜が午前零時の外出禁止令近くまでになると、妓生ハウスからの男女を乗せた車がホテルの玄関に次々に着いた。一種の照れ隠しだろう、男たちのひときわ高い声が、明かりが半分消えたロビーに響き、女たちはフロントの隅で待ち受けるボーイに「接客証」を渡すと、男の後についてエレベーターに消えた。

観光妓生は、洋公主のシステムとよく似ていた。女たちも数種類に分けられていた。まず、登録パスを持った女。韓国観光協会が発行する「接客員証」を持ったこの正規軍が、一九七三年で二千四百人いたそうだ。一九六九年に登録パスを持った洋公主は一万三千人だったから、その二割近くにあたる。米軍兵士は三割前後削減されたが、そのかなりを観光妓生が埋めたわけだ。彼女たちは研修を受け、こう叩き込まれたのも洋公主と同じだ。

「妓生観光で稼いだ外貨が、韓国の経済発展にどれほど役立っているか」

登録された妓生の外に妓生ハウスが出す証明書を持った女がいた。三番目は、そういうカードを持っていない女。代わりに、自分の国民番号が記入されている「住民登録番号証」をホテルのフロントに渡して同宿した。フロントがチェックしていたのは、枕探しなどの女たちの犯罪を防ぐためでもあった。

妓生ハウスとは関係なく、ホテルのボーイらと通じて、客を取る女たちもいた。そのころ、ソウルのホテルに一人で泊まり、ボーイから、

「可愛い女性はどうですか」

と声をかけられなかった異国の男はほとんどいなかったのではないか。道路案内などの表示もハングル中心で、普通の観光客が来ることを期待していないのは、見え見えだった。地方に日本人が一人旅をしていると、ホテルや旅館の宿泊者名簿を絶えずチェックしている刑事が、北朝鮮のスパイではないかと、部屋に様子を見に来た。

冬のソウルの朝は、夜明けがどんよりした日が多く、なんとなく、けだるい。ただでさえそうなのに、名だたるホテルのコーヒーハウスには、昨夜の女たちが男たちと

陣取っていて、人目も憚《はばか》らずパンを男の口元に運び、妓生ハウスの嬌態《きょうたい》を続けていた。男のほうも、コーヒーハウスにいるのはみんな妓生旅行の仲間たちと思っているから、大声で相手をさせた女のあれこれをしゃべりまくっていた。ある朝、ロビーでエレベーターから女と一緒に降りて来た男と目が合ったら、大阪の知り合いの在日韓国人二世の男だった。韓国人の知り合いの一人は、

「韓国が一番苦しい時代に、最初に本国の女を買い漁《あさ》りに来たのは在日だよ。親子で来る奴もいた。妓生観光だって、あいつらが知恵をつけたようなものだ」

と、憤《いきどお》っていたものだ。在日韓国人の巨大な資金やノウハウが「漢江の奇跡」に大貢献したのは間違いないが、一九七七年二月、厳冬の祖国を初めて訪れた、当時三十代に入ったばかりの在日韓国人男性は、ソウルに向かう大韓航空機の機内での様子を、このように振り返った。

「年配の在日韓国人の団体客が乗り込んでいた。客室乗務員の女性は、完全に一行を無視し、ツンツンしていた。誰かが、小遣いをあげようとか、性質《たち》の悪い冗談を言ったからだった」

男ばかりの団体客が乗っていれば、妓生目当てツアーに間違いなし、の時代だった。訪韓日本人客の三割が女性になったのが、一九九三年のことだ。正常化五十年というが、観光から見ても、日韓が普通の関係になって、たかだかまだ二十年ほどだ。

どんな時代でも、日本の男が大挙して海外買春団体旅行に出かけていけば、日本の女性が腹を立てるのは、先の大韓航空の女性乗務員と同様に当然の話だが、韓国教会女性連合会などと始めた妓生観光糾弾運動を、そうした範疇《はんちゆう》だけでとらえるのはいかがなものだろうか。

日本キリスト教婦人矯風会年表によると、一九八八年に「韓国教会女性連合会主催の『女性と観光セミナー』に出席。『従軍慰安婦問題研究』の尹貞玉《ユンジヨンオク》氏と知り合い、来日調査に協力。集会開催」とある。妓生観光糾弾での共闘が、そのまま旧日本軍慰安婦問題糾弾運動へと流れているのが分かる。日本の流れは朝日新聞の松井やより記者（故人）が一九七七年に設立した「アジアの女たちの会」と重なり、韓国では韓国挺身隊問題対策協議会（挺対協）へと繋がって、二〇〇〇年、東京での「女性国際戦犯法廷」での「天皇有罪判決」へとなっていく。

韓国の糾弾運動は、「観光妓生」を始点として、「旧日本軍慰安婦問題」、先に見た「洋公主裁判」、その後の「ベトナム派遣軍問題」へと進み、かつての朴正煕軍事政権を糾弾する姿勢を鮮明にしていく。これを人権運動と見るか、反体制政治運動と見るか、視点はさまざまだろうが、私には、妓生観光糾弾運動の実相は、朴正煕軍事独裁政権打倒の反政府運動の中で、戦術として選ばれた反日運動だったように見える。

韓国キリスト教は独裁政権下で勢力を拡大した。朝鮮半島にキリスト教が本格的に伝わったのは、李氏朝鮮時代の一八世紀終盤。日本より遅い。それも日本のように宣教師が布教しに来たのではなく、北京の教会でキリスト教に接し、洗礼を受けた人物が朝鮮に戻り、広げたと言われている。

儒教が国教であった中で、西洋科学を通じてキリスト教信者となり、儒教の伝統的価値観を批判する「反体制」儒学者も現われた。信者の中には政争に敗れ、行き場を失った両班も多かったので、弾圧がより過酷になったとの見方もある。李朝時代の殉教地はソウルから韓国中部に広がっているが、その中部の百済の古都、公州《コンジュ》では、約三百人が殉教した地に立つ巨大なキリスト像が町を見下ろしている。一八六六年には、フランス人宣教師九人が処刑され、フランス艦隊が江華島《カンファンド》に攻め入ったが、朝鮮軍の反撃に遭い敗走した。朝鮮は弱くなかったのだ。

日本支配時代に欧米宣教師の活発な活動で、キリスト教は朝鮮半島で急速に広がった。一九一九（大正八）年三月一日の独立運動の指導者層の多数はキリスト教徒だった。宣教師が北京《ペキン》からたやすく来ることができた北部に信者が多く、その多くが分断後は共産党支配を嫌い、南部へ逃げた。

それでもキリスト教信者は、一九六〇年ではまだ、韓国民の四・五％だった。それが軍事独裁政権下の一九七八年には一三・四％になった。いまは国民の三割近くが信者のキリスト教大国だ。日本は百万人ほどにすぎないのと対照的だ。背景には、「キリスト教と政治をつなぐ歴史の違いがある」

と韓国を知る日本人牧師が教えてくれた。激変し続ける政情の中で、教会が貧しい労働者や農民らの不安のなだめ役になったからだ。ある会派は独裁政権に寄り添い、貧しい人々の気持ちを和《やわ》らげる役割を務めることで「国教化」を目指した。

ソウルの国会議事堂そばにそびえる大教会は、瞬《また》く間《ま》に信者七十八万人の世界最大規模の教会に成長した。一方で、不満を吸い上げ、代弁者となることで、独裁政権と対峙する側を選んだ勢力もあった。ともに、キリスト教会の世界的ネットワークを通じて力を競ったが、日本のマスコミが伝えたのは、命を絶つがごときの激しい抵抗で、独裁に抵抗し、民主化を求める側の姿だけだった。それはともかく、独裁政権下で妓生観光反対運動ができたのはどうしてなのか。少し丁寧に説明すると――。

非常戒厳令などで反対運動を抑え込み、日韓国交正常化を果たした朴正熙政権は、北朝鮮と対峙するために国論をまとめる武器として、強烈な民族主義を掲げた。朴正熙大統領は、解放後の一時期、共産主義政党である南朝鮮労働党の韓国軍内部組織の秘密党員になっていた。満州国軍人だった前歴を払しょくする狙いで入党したのだという人もいるが、政権奪取後はまだ共産主義者ではないかとの疑念を打ち消すためにも、より強く反日と反共民族主義を掲《かか》げざるをえなかった。

朴正煕政権の泣きどころ

日本支配時代は朝鮮全土の総鎮守だったソウル・南山の朝鮮神社跡地に、伊藤博文を暗殺した安重根《アンジュングン》の「安重根義士記念館」を建てたのも朴正煕大統領だ。暗殺現場のハルピンに記念碑を建てて欲しいと中国に頼んだ朴槿恵大統領は、いってみれば、父の姿勢を継いだだけということになる。彼女の反日DNAの裏には父の正当化願望があると、しばしば言われる。「安重根義士記念館」だけでなく、三・一独立運動発祥地のパゴダ公園にある大彫刻壁画の「受難と抵抗の図」、光化門《クアンファムン》広場に豊臣秀吉軍を破った李舜臣《イスンシン》将軍の巨大銅像など、ソウルで日本人観光客が目にするモニュメントの多くが朴正煕政権下で造られた。

ついでの話だが、韓国土産の代名詞の感がある陶磁器を復活させたのも朴正煕大統領だ。民族文化の継承を掲げソウル郊外の利川《イチヨン》に陶芸村をつくった。この陶芸再興の狙いには、土産物といえば安いチマ・チョゴリ人形ぐらいしかない時代、キーセン観光に来た日本人に、お好みの陶磁器を高価な土産品として買わせたいとの銭勘定もあったようだ。なかなかの商才だ。古都、慶州の遺跡保存の大号令も発した。

ソウルから南に下った、今では地下鉄でも行ける水原《スウォン》郊外に一九七四年、「韓国民俗村」を建てたのもこの大統領だ。東京ドームの二十一個分という広大な敷地に、韓国の昔の農村や街なかの光景と、そこでの生活ぶりをそっくり再現した。これも、お題目は民族文化の高揚だった。一番の目的はそうだったろうが、妓生観光で来た男が二日目に女と一緒に遊びにいける、ソウルからの手近かな観光地も必要だった。

いまも、民俗村は日本からの周遊ツアーの定番コースのひとつだ。韓流歴史ドラマのロケ地にもなっている。こうした面でも朴正煕大統領の先見の明《めい》は相当なものだ。

韓国の「反日の殿堂」と呼ばれる天安《チョナン》市にある独立記念館。独立運動家などが残酷な取り調べを受けている人形の展示や、悲鳴の擬音などで日本でも知られているが、成長率がマイナスに陥った韓国経済を四十億円に及ぶ円借款で立て直した全斗煥軍事独裁政権が一九八七年に建てた。カネはせびられるわ、一方で反日の殿堂を建てられるわでは、日本もたまったものではない。

旧日本軍慰安婦問題に火がついた一九九二年に、ソウルの日本人学校中等部の生徒が見学に出かけた様子がテレビ朝日で放映された。この後日談を、当時の校長から聞いた。こんな手紙がテレビを見た日本留学中の韓国人青年から届いたそうだ。

「韓国の子どもたちに自国の正しい歴史を教えず、植民地時代が残酷であったことだけを強調し、いたずらに反日感情を掻《か》き立て、日本を憎むことが憂国だと勘違いさせるところが、独立記念館だ。あそこは軍事独裁政権が自らの非道を誤魔化すために国民に募金させて作った施設だ」

　一九八〇年五月。朴正煕大統領暗殺事件から初めての春を迎えた韓国で民主化要求が高まった。南西部の都市、光州《クァンジュ》市では全斗煥軍事政権への反発が拡大、韓国政府発表では、韓国軍は武器を持った市民ら百四十四人の命を奪い、鎮圧した。その光州事件から国民の目をそらさせ、民族主義者ぶりをアピールしようとした施設が独立記念館だというのだ。手紙は、こう結ばれていた。

「国と国との関係は善玉、悪玉と分けられるものではない。日本の子どもたちにとって展示物はショックだったかもしれないが、統治時代の日本人の罪を背負うことなど考えず、韓国の言葉をたくさん覚え、日本人の子どもをバカヤロー呼ばわりする韓国の子どもたちと、どんどん話をして欲しい」

余談だが、独立記念館ができたばかりのころ、古くからの韓国人の知人と行った。見学後、こういわれた。

「日本のやり方じゃない、李朝からの拷問シーンがあったよ」

日本では一般的に、朴正熙政権や全斗煥政権は親日政権と見る向きが多い。実際の二枚看板は、「反共」と「反日民族主義」で、李承晩時代と変わっていない。

独裁政権が民族主義を掲げ、政権の正統性の証にするのは、当時の韓国に限らない常套手段だ。北朝鮮の三代にわたる金王朝政権の「ウリ式社会主義」も、独善的民族主義の変種だ。民族主義の鼓舞は、独裁から目をそらさせ、情緒面から民衆をまとめるために持ち出す決まり技だ。

軍事独裁政権打倒を正面から叫ぶ反政府・反体制運動は、反共の国是に背く「容共」であり、北朝鮮を利するものとして力ずくでつぶした。北の脅威を実感している国民は、強権の発動に慄《おのの》きながらも納得した。北朝鮮から韓国を守る米軍の存在を否定するような運動も同じだ。「容共」に容赦は、必要なかった。

それが「反日」をお題目にされると、「反日民族主義」が金科玉条のうえ、日本との国交正常化反対運動を力で抑えた弱みもあり、とりあえずは黙って様子を見た。それで、韓国内の反政府運動はまず、「反日」で立ち上げ、注目が集まったころを見計らって、

「朴正熙軍事政権は、日本に協力する親日政権だ」

と、政権打倒をスローガンに掲げる、「敵は本能寺」スタイルになった。妓生観光糾弾にもそうした狙いが込められていたのは間違いないだろう。

お代は八倍

一九八三年六月に、韓国教会女性連合会は「キーセン観光―全国実態調査報告書」を出版した。翌年、日本語版を日本のNCCキリスト教アジア資料センターが発行した。実態報告書によると、売春代は一晩二万円が相場で、観光妓生の取り分はそのうちの八千円から一万円ほどだった。ドルに換算すると、一晩八十三ドルぐらいだ。米兵は一晩十ドルだったのだから、日本の男は、ずいぶんとたかられていたわけだ。

この年の十二月二十一日の朝日新聞に、「冬なお暖かい歴史の都　ソウル滞在三日間、四日間空の旅　６９０００円より」という広告が出ている。ツアー代金は、安くても二泊三日七万円前後が相場だったようだ。女に渡す二泊分の四万円を加え、昼の観光代や車代、チップを加えれば、妓生観光一回で十三、四万円ぐらいかかった。その年の日本の男子大卒初任給は、約十三万二千円。初任給が消えたわけだ。

ちなみに、このころの週刊朝日が連載していた「値段の風俗史」によると、当時のトルコ風呂（今のソープランド）でかかるカネが三万円だ（野口富士男、『芸者の玉代』）。巨人軍のホームグラウンドの後楽園、つまり現在の東京ドームは指定席料金が二千百円、自由席五百円だった。

実態報告書では、観光妓生は七〇年代初めに四万人いたとある。一九六九年の韓国紙が報じた洋公主についての記事の中では、売春婦が韓国全体で二万二千人と推定している。

すると四万人は少しオーバーではないかとも思う。韓国政府の資料でみると、日本人観光客は七二年に約二十二万人。観光妓生が四万人もいたら、年間の客は一人五人にすぎない。観光妓生の取り分は、売春代と妓生パーティの花代を合わせて年で十四万円弱、ドル換算で四百七十ドル弱。月四十ドルに届かない。洋公主の稼ぎを遥かに下回り、さらにいろいろとピンハネされれば、家族を支えるほどの稼ぎになったかどうか。こんな記述もある。

「韓国政府は一九七七年、年間輸出百億ドルを達成し、八億ドルの利益を得たとし、また同年の観光収入は三億七千万ドルだったと発表しているが、妓生が受け取った売春代などを含めれば、実際の観光収入は七億四千万ドルになる」

つまり、この年の観光妓生売春代総額は三億七千万ドルだったというわけだ。妓生四万人とすると一人当たり九千二百五十ドルにもなる。前述の金額の十倍だ。ちなみにこの年の韓国の一人当たりGNPは千八ドル。初めて千ドルを超えた。韓国銀行の統計では、全国平均賃金は年で千七百六十ドルだった。観光妓生は一年でほぼ六年分を稼いだわけだ。ただし、実際の観光収入が七億四千万ドルだったという見方は、この年の貿易外収支が韓国銀行の統計で二億六千ドル程度の黒字でしかないことを考えると、過大のように思える。この年の日本人入国者は、実態報告書の推定値から逆算しても五十七万人。うち五十万人が妓生観光客だったとしても、払った売春代は七千五百万ドルぐらいなのだが。

実態報告書では、一九七三年十月二十五日号の週刊朝日が「コールガール組織を含めて、韓国に二十万人の売春婦がいるとの統計がある」と報じている、としている。十月二十五日号は実際にはなく、同十月二十六日号に「食えない人間を食う日本人客を歓迎する妓生観光」の記事があった。しかし、「売春婦二十万人」という記述はなかった。

その頃はまだ、ソウル駅をはじめ、どこでも大きな駅の近くに売春街があった。軍事独裁政権は、映画や雑誌などではエロを許さなくても、国民の不満のはけ口として、売春街には寛容だった。男が旅するといえば、それは「女を買いに行く」の意味だった。そうした現実からすれば当時、国内で体を売る女性の人数は相当あったのは確かだ。しかし、実態報告書にある二十万人の本当の出所はどこなのだろうか。

この実態報告書では、妓生観光が続くと、八〇年代末には、

「三十万人の女性が必要となり、全国の部落から二十代の女性八人ずつを差し出すこ

とになる」

と主張している。一九八〇年代、人口四千万人を超えた韓国で、観光妓生三十万人の女を集めるのには一部落から八人、との計算なら、朝鮮半島全体で人口が二千四百万人前後だった一九四〇年代に、韓国側が主張しているように旧日本軍慰安婦を二十万人も狩り集めるとしたら、やはり一部落当たりで八人前後になったのではないか。

だとすると、人口が少なかった分、国中の部落から若い女が連れて行かれた計算にならないか。そんな話は聞いたことがない。韓国のこの手の団体などが大げさな数字を平然と並べがちなのは、昔からのようだ。

同誌の記事には、こんな記述がある。

「金大中氏は、あの（東京のホテルから拉致された）誘拐事件が起こる前、妓生観光を野放しにしている朴政権を激しく批判していた。

そして同氏の予言通り、最近、ソウル大学の学生が立ち上がり、妓生観光を売り物にする朴政権と、その腐敗の背景にある日本の経済援助に対して、厳しい反発の矢を向け始めている」

金大中氏はカトリック教徒で反政府系宗派の支援を受けていた。記事を書いた朝日新聞記者ＯＢに話を聞いた。ソウルには行かず、国内で関係者に取材した記事だった。すると、この記述は日本国内の運動関係者が、妓生観光反対と韓国のキリスト教圏の反政府運動がつながっているのを知っていたことを示している。婦人矯風会の年表には、韓国の民主化運動を支援した行動の記述が散見される。教会を仲立ちにした国境を超えた反政府運動だったことは明らかだ。

日本人女子大生の災難

国家が売春の総元締めになってあぶく銭稼ぎに血眼《ちまなこ》になっている社会では、こんなとんでもないことが起きていた。

その時期に日本の大学に留学していた韓国の女子大学生が、夏休みに韓国に帰省した。それに合わせ、大学で仲良くなった日本人の女子学生二人がソウルに旅行に来た。これはその二人をソウルのホテルに案内した夜の出来事だ。

ホテルの部屋で、日本の学友とのおしゃべりに夢中になっているうちに外出禁止令の時間になってしまった。家に帰れなくなったので、そのまま泊まることにした。その時、誰かがドアをノックした。部屋に無断で泊まる客がいないか、ホテルのボーイがチェックをしに来たと思い、大慌てで彼女は部屋のクローゼットに隠れた。日本人女子大学生はいったん寝たふりを決め込んだ。すると、あろうことか、ボーイ二人が合い鍵でドアを開けて入ってくるや、女子大学生二人を襲ったのだ。二人が抵抗して押し出したあと、彼女が父親に電話して事の次第を告げた。外出禁止時間が明けるや、彼女の父が飛んできて支配人を問い質《ただ》した。ボーイはこう抗弁した。

「日本の女子大学生のほうから誘われた。カギは開いていた」

脇で聞いていた彼女が、真っ赤になって、

「ウソをつかないで。私はクローゼットに隠れていたのよ。全部知っているのよ」

と詰め寄った。

「父が助けに来るまで、怖くて歯ががくがく震えた。騒ぎの後は、二人が韓国をどう思うようになったかと考えるたびに、恥ずかしくなった」

と、その出来事を振り返った。日本人女性の訪韓客などはいないも同然だった。男に女をあてがってはあぶく銭稼ぎをしていたボーイは、夜間外出禁止令でホテルから一歩も外に出ることもできない時間を見計らって、日本人女子学生を狙ったのだろう。売春の分け前で暮らす社会はそれほど荒《すさ》んでいた。それにしても、実態報告書の〝上から目線〟も相当なものだ。いかにも悔しそうな口ぶりで嘆いている。

「(客の) 階層は、主に下層の労働者」

「上流階層とか外国語がわかる (日本の) 知識人たちはたいていヨーロッパや南米方面を選んでいる」

英語が話せる大学教授やインテリなら、女買いに来てくれてもありがたいが……ということか。一方で、選民意識は丸出しだ。

「(客は) 無学であるほどよいという。こういう人ほど美人のサービスをありがたがり、とまどうほどの純真さがあるからだ」

女性大学教授など、現代の女両班といえるエリート女性層が指導する韓国の女性団体が強調していることは、日本人、それも身分も卑しい下層労働者たちが韓国の女に「骨がガタガタになるほどサービス」させたカネが、韓国のどこの馬の骨か分からない奴らにピンハネされているぞと、ということだ。

実態報告書は、こう綴っている。

「巨額の観光収入を稼ぐために韓国が努力したことと言えば、娘を売って食べる、という外国からのかんばしからぬ世論に耳を塞ぐことだけだった」

どこか他人事《ひとごと》のような響きだ。日本のマスコミが旧日本軍慰安婦問題で韓国世論を焚《た》きつけていたころ、日本の支配時代を知る韓国のインテリがしみじみと語った。

「娘を売る親は、たくさんいた。あの時代、売春街じゃなく軍の慰安所に売ったのは、それがせめてもの親心だったからだ。慰安所なら、稼いだ分だけちゃんと娘に渡ったから」

現実を見つめ、無念さを押し殺しながら語る言葉の響きが、この実態報告書からは感じられないのはどうしてなのか。辛《つら》さを噛みしめても生きなければならない境遇とは無縁で、理解しようともしない人々の手による報告だったからではないか。

日本が旧日本軍慰安婦問題解決のために設けたアジア女性平和基金の理事を務めた大沼保昭《おおぬまやすあき》東大名誉教授は、その流れをくむ挺対協の実像の一端をこう語った。

「韓国に行くと、あの人たちは、私たちをとても大事に歓待してくれました。立派な食事を用意してくれました。私たちの肩書が、東大教授とか錚々《そうそう》たるものだったからということもあるかもしれません。韓国エリート社会の権威主義的な体質はそのままでした」

薪ご法度の風流とは

実態報告書には、こんな主張まであった。

「(妓生観光は)貴族的だった(李)王朝の風流の粋を低俗化してしまった」

韓国・中東部の奉化《ホンファ》郡には、ソウルからバスを乗り継いでいく。松の木が生い茂っている里だ。特産品はもちろん松茸。ここでは豚肉を松葉の火で焼いて客に出す。ところで、李朝の時代、妓生をはべらせた料亭の賄《まかな》い場でも松の葉をかまどにくべて料理の煮炊きをした。薪は使わなかったそうだ。友人相手に、

「どうして、松の薪《たきぎ》を使わず葉を燃やした、と思う?」

とクイズしてみるとだいたい、返ってくるのはこんな答えばかりだ。

「松葉の煙で料理がおいしくなるんじゃない？」

「強精効果があるのかもしれない」

正解は、妓生料亭の中で客同士が喧嘩になった時に、薪に手が届いて殺しあいにまでなることを恐れたのだ。だから、賄い場でも薪は使わず、松葉を燃やしたそうだ。江戸の吉原にもそんなしきたりがあったのだろうか。それにしても、岡場所の喧嘩は女の取り合いか酒の飲みすぎと、相場は決まっている。李朝の妓生がいかなる存在であったのか。いくら言葉で飾ろうとも力ある男の玩具《おもちゃ》でしかなかったろう。「王朝の風流」の粋もその程度だ。当たり前といえば当たり前だ。

「儒教道徳が厳しい韓国社会で、慰安婦だったと明らかにすることはできなかった。それなのに名乗ったのは、とても勇気がいることだった」

というようなことを強調する日本のインテリがいたが、そもそも儒教は、本当にモラルに厳しい教えか。儒教の国、韓国で、一番辛いことは貧しいことだ。韓国の新聞社の幹部が、昔、語ったことがある。

「朝鮮半島は、支配者が替わるたびに世の中が逆流し、浮いている葉は沈み、浮かび上がった葉が権勢を得た。だから、人々は、過去ではなく、現在しか見ない。今、力があるかどうかだ。貧しいということは、この国では力なき人々ということなのだ」

洋公主と同じように、観光妓生の女たちも一人で何人もの家族を養っていただろう。彼女たちは、家族を支える国家公認の「売春許可証」を持った「孝女」だった。孝女はきっと旧日本軍慰安婦の中にもいたに違いない。というより、大半だったろう。だが、男が旅するというのは、女を買いに行くということだった韓国社会の価値観は、「孝女」だったかどうかより、いまも貧しいかどうかにある。

6 汗も血も祖国のために捧げた男たちが向かった、異国の旅路

国を信じない国民

二〇一五年、韓国で中東呼吸器症候群（MERS）が流行した時、自宅隔離を命じられた感染者らが、勝手にゴルフに行ったり、香港に出かけたりしているのが次々に分かり、呆《あき》れられた。そんな勝手気ままな振る舞いが横行したのはどうしてか。

「国の言うことを聞いていたところで、いいことはない」

そうした気持ちが人々のどこかにあるからだ。

前年の二〇一四年に修学旅行生を乗せたセウォル号事件が起きた。東京でいえば青山にあたる地下鉄の弘益《ホンイク》大駅前で、犠牲になった高校生と同じ世代の少年少女たちが、デモをしていた。片手に一本の白菊、もうひとつの手に、

「カマニ　イッスラ（じっとしていて）」

と書いた画用紙を掲げ、亡くなった高校生たちの無念さを代弁して、ただ黙って街頭を歩くサイレントデモだった。

事故時に「カマニ　イッスラ」との船内放送を流した船員たちは、言われたとおりに船室でじっと救助を待っていた高校生らを放って、次第に傾き沈没する船から自分

たちだけ我先に逃げ出した。韓国ドラマで、「カマニ　イッスラ」というセリフは、よく出てくる。姑が嫁に一言、「黙っていろ」「静かに言うとおりにしろ」「文句を言うな」というシーンが一番多い。

「この国で偉い奴らに、言われたとおり『カマニ　イッスラ』していて、良い目にあったことがあったか」

と、セウォル号惨事で人々は改めて嚙みしめたろう。

韓国の公的年金は対象者の四一・九％が未加入だ。日本は五％。八倍になる。知人は、こう説明してくれた。

「何十年も納めたところで、本当に約束した年金をもらえるか分からない、と思っている人が多いからだ」

これも国への根深い不信の表われのひとつだ。ＯＥＣＤの二〇〇四年調査では、韓国の国民十人のうち七人が政府を信頼していなかった。セウォル号事件後に韓国の研究機関が行なった事件の被害者と同世代の高校二年生へのアンケート調査では、「国が自分を守ってくれる」という回答はさらに少なく、七・七％にすぎなかった。

国のためとおだてられ、韓国の女性は、「洋公主」や「観光妓生」となり、性を売った。経済危機が来ると、指輪を外して供出した。そのたびに、その姿がソウルに駐在する外国人記者の間で話題になる。話の終わりはいつも同じだ。

「韓国の女性は、国のためなら何でもする」

その話を知り合いの女性に話したら、コーヒーをすりながら言った。

「亡国の悲哀を知っているからよ。女と子どもが一番、みじめになるだけだから」

全国で義兵が立ち上がり、モンゴルや清軍から国を守ろうとした時代がまだ続いているのだ。

「私たちはこの国のために耐えるが、大韓民国は私たちに何をしてくれたのか？」

そう胸に問いかけざるをえない気持ちが彼女の胸の中にもあったかもしれない。

「恨《ハン》」の根は深い。

韓国が冷戦下、辛い思いを重ねただけではないことを露《あら》わにしたのは、朴正熙政権下の一九六四年十月から七三年の撤退まで、ベトナムに派遣された韓国軍約三十二万人の所業だ。その残虐行為は、進歩派系の韓国紙・ハンギョレ新聞発行の時事週刊誌

「ハンギョレ」が一九九九年五月六日号で、「ああ、震撼の韓国軍　ベトナム戦 二十四周年にして見た、私たちの恥部、ベトナム戦犯調査委のおぞましい記録」の見出しで初めて報じた。こうした事実だった。

「韓国軍はベトナムに上陸して二カ月も経たない六五年一月一日に、フーイエン省ブンタウ村で村人四十五人を殺した『元日の虐殺』を起こした」

それから撤退までの残虐な出来事の詳細は割愛するが、五千人の住人を殺し、女性を強姦した。さらに同紙は、韓国軍のベトナム人慰安婦の存在や、ライダイハンと呼ばれている兵士との間にできた混血児問題などを報じた。それまで、韓国で取り上げられるベトナム戦の話題と言えば、戦場で使われた枯葉剤の後遺症に悩む、元ベトナム参戦将兵の苦しみなどだったから、報道は内外に衝撃を与えた。衝撃を与えただけでなく、翌年には、ベトナム戦争に従軍した退役軍人二千四百人が、記事は、「反共の戦士として戦った自分たちの名誉を貶《おとし》めた」と新聞社を襲撃する事件が起きた。

それから十年以上を経た二〇一〇年代になって、「妓生観光」、「日本軍従軍慰安婦」

と、立て続けに韓国民の反日情緒を煽って名を挙げた韓国挺身隊問題対策協議会（挺対協）などが、騒ぎ始めた。二〇一二年にベトナムで実態調査をし、ベトナム戦争終戦四十年の二〇一五年四月には、虐殺から生き残ったベトナム人の被害者二人を韓国に招いた。ソウルの日本大使館前で続けている旧日本軍慰安婦問題糾弾の水曜集会に参加したベトナム人被害者二人を前に、元慰安婦のおばあさんがこう言った。

「再びどんな戦争でも、性的暴行被害者や民間人虐殺被害者を出してはならない」

それはそのとおりだが、それならばなぜ、ハンギョレ誌が最初に報じたときは、沈黙していたのか。なぜ、即座に「真実追究」に乗り出さなかったのか。

その時の政権が、自分たちが実現を願ってきた左派の金大中政権だったからだろう。続く左派政権、盧武鉉政権下でも挺対協の沈黙は続いた。韓国社会は、問題が起きると全部、その時の政権の責任にしがちだ。ベトナムでの蛮行糾弾で、自分たちが左派政権を窮地に追いやることは、避けたかったからに違いない。

二〇一〇年代になって取り組み始めたのは、政権が敵対する保守政権に変わったからだ。朴槿恵大統領の父、朴正熙政権下の非道は格好の政権攻撃の強力な材料だ。加えて、大看板の旧日本軍慰安婦問題を「女性の人権問題」と訴えても、ベトナムでの韓国軍の蛮行を知った日本の世論から「韓国軍はどうなんだ」と反撃されるようになった。それに対抗せざるをえなくなった事情もあったはずだ。

韓国では、その時々の反体制派などを「在野」「運動圏」と呼ぶ。南北に分断され、地域、保守と進歩、世代、階層などの激しい対立が重なり合う韓国は、常に今日の敗者が明日の政権をとってもおかしくない政治風土の中にある。在野とは、そうした「明日の権力者」が誰になってもおかしくない、韓国の対決の風土が生んだ勢力だ。軍事独裁政権下で金大中氏の反独裁闘争の運動圏の一翼を担《にな》った層が加わる挺対協は、まさに「権力」を窺《うかが》う在野の人々なのだ。

炭化粧のにわか鉱夫

二〇一四年に公開された韓国映画『国際市場で逢いましょう』をご覧になった方は多いだろう。日本人観光客も馴染みの釜山《プサン》・国際市場《クッチェシジャン》の老雑貨店主が主人公だ。北朝鮮で生まれ、朝鮮戦争の時、南に避難する途中で父や妹と生き別れになった離散家族の一人だ。父が残した、「お前が長男だ」の言葉を胸に刻み込み、ただ家族のために働き続けてきた。NHKドラマの「とと姉ちゃん」みたいだ。

この主人公は、弟の学費稼ぎのために西ドイツ派遣の出稼ぎのにわか炭鉱夫になり、やはり看護婦だった出稼ぎの韓国女性と知り合い結婚。ベトナムへも軍属として渡り稼ぎ、家族と小さな雑貨店を守ってきた。

最貧国からの脱出を目指して、独裁政権下の韓国でドル稼ぎの最前線に立っていたのは、女性の性だけではなかったことが、この映画を観るとよく分かる。国民の血と汗と涙でひたすら走り続けた韓国現代史を辿ったこの映画は当時、歴代二位の千四百十万人の観客を動員した大ヒット作となった。

一九六三年から一九七七年まで、西ドイツの過酷な炭鉱の現場に送られた若者は八千人になる。病院にも韓国の看護婦約一万人が送り込まれた。韓国南部には、帰郷した彼らの「ドイツ村」がある。

この労働者輸出は、ドイツから三千万ドルの借款を得るための策だった。借款の担保は彼らの給料だった。炭鉱夫になったほとんどは、大学を卒業しても職のあてがない失業者たちだった。過酷な職場の選考試験に受かるために必死の若者たちの姿が、映画でも描かれている。事実、まったく未経験なのに炭鉱夫らしく見せようと、顔に炭を塗って選考試験を受けた若者がいたことは、いまも韓国社会で語り継がれている。

第一陣が出発した日から半世紀。二〇一三年十一月二十六日の東亜日報の記事だ。

「地下千メートルの異国の地の炭鉱の中で石炭を掘ったり、病院で亡くなった人の遺体を洗ったりのきつい仕事をしようと、高学歴者らまでが競争に飛び込んだ唯ひとつの理由、それは貧しい国で生まれた罪だった。個人の能力は優れていても、国が弱く、貧しければ、ろくに人扱いされないのは、今もかつても変わっていない」

韓国の人たちと話していると、半分自信満々で、半分悔しそうに、日本人への対抗心丸出しの、こんなセリフを口にする人に出会う。

「我々は一対一ならばだれにも負けない民族だ。それがうまくいかなかったのは、まとまる力がなかったからだ」

にわか鉱夫の若者が送られた炭鉱にはそれ以前の一九五八年から経験豊富な日本人

鉱夫が派遣されていた。「最新鉱法習得、交流親善」の研修生だった。三年契約で、給与は月五百マルク。日本の倍以上だったが、ほとんどの日本人にとって海外旅行が夢の夢である時代、欧州行きには給与以上の魅力があった。倍率は十五倍だった。

しかし、炭鉱に着くや、話はまるで違った。研修などはないも同然で、働かされるだけだった。鉱夫不足の西ドイツの炭鉱が求めていたのは、ただの助《すけ》っ人《と》だったのだ。総数二千人派遣の研修計画は、四百三十六人を送ると六三年で打ち切った。

朴正熙政権がその代役を買って出た。「観光妓生」が「洋公主」の後釜だったように、日本の熟練鉱夫の穴埋めが、韓国のにわか鉱夫だった。素人《しろうと》にはどんなに辛い現場だったか。それは、戦時下に徴用で日本の炭鉱で働いた人たちも同じだったろうが。一九六三年の韓国の輸出総額が約八千六百万ドルに過ぎない中で、にわか鉱夫からの送金額は、年間五千万ドルになった。翌年、夫人と共に西ドイツを訪問した朴正熙大統領が、鉱夫たちの前で男泣きした。二〇一三年春、ドイツを訪問した朴槿恵大統領は、父のサインをじっと見つめていたそうだ。

ちなみに、「洋公主」が、一九六四年に稼いだカネは、韓国紙・中央日報《チユンアンイルボ》の記事から逆算すると六億ドルだった。

男たちの血でドルを稼いだのは、紹介したように、今や「おぞましき」ベトナム派兵韓国軍だ。先の二〇一三年一一月二六日の東亜日報《トンアイルボ》の記事は、こう続けている。

「ベトナムや中東に向かった韓国軍将兵や労働者からの送金も、経済発展に貢献した。六〇年代前半、八十ドル前後だった韓国の一人当たりの国民所得は、一九七八年に千ドルを突破した。年間一億ドルに届かなかった輸出は、ドイツ派遣最後の年の一九七七年、百億ドルを超えていた。六〇~七〇年代の跳躍を基《もと》に、韓国は、第二次世界大戦後の独立国のうち、シンガポールなどの小規模国家を除けば、ほぼ唯一先進国入りの門前まで来ていた」

ベトナム派兵は第一義的に、北朝鮮による「第二次朝鮮戦争」を防ぐために、遠いインドシナ半島での反共の戦場に韓国軍兵士を送ることで、駐韓米軍の削減を食い止めようとしたものだ。朴正熙大統領が米国を説得して実現させた、韓国軍史上、初の海外派兵だった。安全とドルを得ようとした狙い通りに、兵士から韓国への送金額は、総額で二億ドル近くになり、特需は十億ドル以上になった。ベトナムで米軍輸送業務を請け負《うお》って、大財閥にのし上がったのが、大韓航空を傘下に持つ韓進《ハンジン》グループだ。蛇足のうえ、これもよく知られている話だが、全斗煥《チョンドファン》大統領は、派遣軍の白馬師団連隊長、盧泰愚《ノテウ》大統領は、「猛虎師団」の大隊長だった。

一九七〇年代に、朴正熙独裁体制下反政府運動「民青学連事件」の首謀者として死刑判決を受け、民主化後に釈放され、後に野党国会議員になり、韓国鉄道公社社長も歴任した李哲《イチヨル》氏に、

「民主化運動をしていた学生時代、ベトナム戦争についてはどう思っていたのですか。韓国軍のベトナム参戦には反対だったのですか」

と尋ねたことがある。彼の答えはこうだった。

「私もベトナム派遣兵になりたかったです。ベトナムに派兵された友達が羨ましくてしょうがなかったです。給料がドル払いでした。韓国兵の給与は米兵やほかの国の兵士より安かったといっても、闇ドル屋に売ればうんと高い率でウォンに替えられた。米軍のPX（基地内売店）で買った品を、韓国の実家に送れば高く売れ、儲けがもっ

と膨らんだ。息子がベトナムに派兵された家は、田畑を買い、家を新築し、どんどん金持ちになった。それを見て、私も行きたいと思ったものです。本当に」

韓国軍兵士の給与は月八十ドルから百ドル程度だったが、「ベトナム送金」という羨望の流行言葉が生まれた。その一方で、すでに一九六七年十二月の東亜日報はベトナム特需の陰で、一年間に現地で働く韓国からのビジネスマンら百二十五人が違法行為で摘発されている、などと報じている。そのなかには売春業者もいた。

ベトナム戦争の終焉《しゅうえん》とともに、韓国の男たちが向かった先は、先の東亜日報の記事にあるように中東だ。韓国の土建や建設企業はオイル・ダラーによる建設ブームに沸く中東に進出、一九七三年からの九年間だけで、総額約五百二十五億ドルの建設工事を受注、延べで約六十七万人の建設労働者を送った。この中東特需でさらに強大化した企業のひとつが現代財閥などだ。一九八七年、北朝鮮のテロリスト、金賢姫《キムヒヨンヒ》が爆破した大韓航空機の乗客のほとんどは、中東から帰国する韓国人労働者だった。

話は変わるが、経済危機にあえぐ北朝鮮は、中東カタールのサッカーワールドカップ用競技場などの建設に約三千人など、約四十カ国に約六万五千人の労働者を送り、ドル稼ぎをしているとの韓国側からの情報がある。給与は実際の一、二割程度しか受け取れず、ほとんどが金王朝への上納金として召し上げられる。経済制裁による外貨不足がさらに深刻化すれば、どこかの国の外人部隊に送り込まれる北朝鮮の兵士も出現し、北も南も同胞の血でドルを稼いだと語り継がれることになるかもしれない。

ベトナムは許したか

ベトナム派兵が続いていた六九年のソウルの街角。

〽人生は旅人　どこから来てどこへ行く　雲は流れさすらう　情を残さず未練を残さず人生は旅人　雲は流れ　定まらず流れゆく

大きな交差点では、そんな歌詞の歌が拡声器から流れ、信号待ちの人たちを、ライフルを手にした兵士が睨みつけていた。

タバンと呼ばれる茶房で、温かいインスタントコーヒーを飲んでいると、訓練を終えた予備役兵が一人、入ってきた。予備役兵とは徴兵期間を終え除隊したが、有事に備えて定期的に訓練を受けている元兵士のことだ。まだソウルを訪れる日本人はわずかで、だから日本人の若者が、普通に街を歩いているとは思われなかった時代だ。日本人だと知ると、ソファーにやってきて横に座った。

「俺はベトナムに行って来た」

と、人懐っこい顔を見せると、銃眼をのぞいて、狙い撃ちの真似をする。

「ベトコン（ベトナムの共産軍の意味）を殺してきた」

と、少し笑いながら話した。

旧ソ連邦時代の中央アジアでも、酒場で銃を持った兵士が近づいてくるや、戦場でいかに戦ったかと饒舌《じょうぜつ》に語り、雄叫びをあげた。銃弾を浴び、浴びせて帰還した兵士は、異邦人に会うと自分が何者かと叫びたい衝動に駆られるものかもしれない。その頃の韓国のほとんどの男たちと同じく、痩《や》せた体軀の予備役兵もやはり、悪行の限りを尽くして祖国に戻ってきた一人だったのだろうか。

数年前、韓国企業の進出ラッシュが続いているベトナムを訪ねた。ホーチミンの空港でもハノイの空港でも、ソウル行の便のカウンターには長い列ができていた。街でも、韓国人が威勢よく闊歩《かっぽ》していた。歩き方と髪型、洋服で、異国の街でも韓国人と一目で分かる。買ったばかりのスーツケースをガラガラ鳴らしてホテルに戻っていく男と、すれ違った。彼も間違いなく韓国の男だった。一帯に「コムタン」や「ネーミョン」などと書いたハングル文字ネオンをぶら下げた食堂がいくつもあった。そんなベトナムの町で人々は韓国をどのように感じているのか。

「ベトナムには、八万六千人以上の韓国人がいると言われています。日本人の七倍以上です。駐在員もいれば、自分でビジネスをやっている人もいる。みんな羽振りが良くて、投資でマンションを買っている人も多いですよ」

六十歳代のビジネスマンは、そう言うとこう続けた。

「私たちの世代は、韓国兵の所業を覚えていますが、若い人たちの中には、韓国軍がベトナムに来たことも知らない者もいます。韓流ドラマにはまり、韓国に親しみを持っている者も多いです」

学校では、ベトナム戦争のことを詳しくは教えていない、と彼は付け加えた。経済成長第一のベトナム共産党のスローガンは有名だ。

「過去にフタをして未来へ向かおう」だ。

環太平洋経済連携協定（TPP）とASEAN経済共同体（AEC）に参加、さらに韓国とも自由貿易協定を結んでいるベトナムに韓国企業はどんどん進出している。サムスンやLGなどの大規模投資が続いており、直接投資額は、国別で一番。二〇一五年の韓国の対輸出国では、中国、米国についで三位。日本を超えた。

韓国企業は、中国経済の減速下、ますますベトナムへ、ベトナムへと向かっている。韓国から輸入した部品を人件費が安いベトナムの工場で製品にして輸出する。日韓貿易と同じ構造に頼るベトナムには、まだ過去の非道を韓国に抗議できる余裕はない。政治を見れば、ベトナム戦争終結から四十余年を経ても、南ベトナム出身者が統一ベトナムの最高権力者になったことはない。それもベトナムの現実だ。

韓国では農村花嫁になって来たベトナム女性が一週間も経たないうちに韓国人夫の暴力で殺されるなどの事件が相次いだ。韓国軍が去った後に残された、たくさんの混血児の問題も放置されたままだ。過去の傷はたやすく癒《い》えるものではないことは、本当なら韓国社会が一番知っているはずだ。ハノイであった日本の留学生は、こんなことを教えてくれた。

「大家は、韓国の駐在員や学生には部屋を絶対に貸さないと言っている。実際、喜んで貸そうとする家主は少ない」

ベトナムの人々の本心がそんなところから見える。

地獄図と従北派

ベトナム派遣韓国軍によって妻が虐殺され、四歳の娘が瀕死の重傷を負った村人は、韓国軍の所業の調査にきた韓国人作家に、こうはっきりと言っている。

「私は今も韓国軍が憎い。もちろん憎い。今も憎い」(金賢娥《キムヒョナ》著、安田敏朗訳『戦争の記憶 記憶の戦争 韓国人のベトナム戦争』六十八ページ)

戦場の軍が道徳的な支配者であったことなど一度もない。米軍も、旧ソ連軍も、そして旧日本軍も、だ。韓国軍だけが例外であるはずはない。

そうであっても、韓国の兵士がベトナム戦場で繰り広げた非道には、むごい連鎖が見える。朝鮮戦争など、独立後の実相が重なっている。

朝鮮戦争勃発直後、李承晩大統領の命令で、共産主義からの転向者を集めた「国民保導連盟」員ら、少なくとも十万人以上の自国民を韓国軍などが各地で虐殺した。この事実は、ベトナムでの住民虐殺が明らかになって後、二〇〇三年に発足した盧武《ノム》鉉《ヒョン》政権下で初めて実態調査が行なわれ、白日《はくじつ》の下《もと》にさらされた。二〇〇八年に退任直前の盧武鉉大統領が、

「国民保導連盟事件は、わが国現代史の大きな悲劇だった。国家権力が犯した不法行為に対して心から謝罪する」

と述べて一応の決着をつけた。犠牲者の数は百十万人との説もあるが、おびただしい数の人たちが殺されたことだけが確かなことだ。

国民保導連盟事件で起きたむごい出来事のひとつは、開戦直後に韓国中部の大田《テジョン》刑務所で起きた。韓国軍の憲兵が、収監された連盟員ら千八百人を並ばせた穴のうえから銃撃して殺した。大田市を北朝鮮人民軍が制圧すると、今度は仕返しに千三百人の軍人家族、右翼らを虐殺したと言われる。

韓国南部の炭鉱では、三千五百人が殺された。銃だけでなく、何人かを針金で数珠《じゅず》つなぎにして立坑に突き落として殺した。大田刑務所での韓国軍の虐殺の様子は米軍

によって写されているが、その米軍もその年七月、大田市から約六十キロ離れた老斤《ノグン》里《リ》で避難民約三百人を殺していたことが、一九九九年に明らかになっている。

韓国軍の兵士たちは、その異様な地獄図の記憶を異国ベトナムで再現させたのだ。ちょうど、親からの暴力を受けた子どもが、今度は自分の子どもに暴力を加えるように。朝鮮半島の女性は、解放後は北朝鮮でソ連兵に、韓国では米軍に陵辱された。そうした被害の記憶が、ベトナムでの非道な行為を平気でさせたのかもしれない。

韓国の老学者がこうつぶやいた。

「右派によって殺された人は、国民保導連盟件の犠牲者だけではない。朝鮮戦争前の一九四八年には、済州島《チェジュド》で三万人以上の島民が殺された。大邱《テグ》でも麗水《ヨス》でも……。自分の家族が左翼だからと警察や韓国軍に殺された人の心の傷の深さと無念さは容易に想像できることでしょう。この人たちは、韓国に暮らしていても、どうしても韓国に全面的に同意できない人たちです。心が韓国を認めないのですよ。左派の人たちが（北朝鮮主導の）統一を願望する裏には、その許せない韓国への気持ちがあると、私は見ています」

この問題で盧武鉉大統領と二人だけで話し合ったことがあると、続けた。

「どうだったですか」と尋ねた。

「とても苦しんでいました。現実をありのままに見ようとしていましたが、やはり消えない怨みに」

盧武鉉大統領の怨みが何であるのかは、聞けなかった。ただ、韓国で知られていることは、権良淑《クオンヤンスク》・盧武鉉大統領夫人の父が、南朝鮮労働党の活動家で、朝鮮戦争当時に政府支持と見られる住民五人を殺した疑いでその後逮捕され、病気治療で一時釈放されたが、再収監され、獄死したという話だ。思想や宗教の違いから、それまで隣人として過ごしてきた人々が、戦火とともに村や町でいがみ合い、敵対し、殺し合う。

それは世界の歴史で珍しいことではない。旧ソ連邦でも東欧でも起き、中東でも起きている。より多く殺され、敗れた人々に残る怨念も変わらないだろう。

反日という情緒と、「韓国は生まれてはならなかった国」との憎悪を同時に抱きかかえている人々が、金王朝の独裁が続く北朝鮮にシンパシーを感じる「従北派」の実像に違いない。

ハンギョレ新聞はこう主張した。

「韓国は過ぎ去った歴史に対して客観的・中立的に省察する市民社会を持っている。ベトナム政府が積極的に乗り出さなくとも、韓国の市民社会がすべての真実を明らかにしようと努力している」(二〇一五年五月二日)

ならば、こうも言えるのではないか。水曜集会でベトナム戦争被害者の前に立った旧日本軍元慰安婦が、戦争の被害者であったことは確かだとしても、同時に日本の戦争遂行の協力者でもあったのではないか。韓国のマスコミや支援者らは、旧日本軍慰安婦は、女狩りによって戦地に引きずられて行き、あげくの果てに焼き殺されたとまで主張している。が、そうした出来事を目撃したとか、命令を受けたとかの、朝鮮半島出身者を含めた旧日本軍兵士の具体的な証言はないも同然の中での主張だ。

客観的な記録も見つかっていない。後述するが、むしろ否定する事実が明らかになる中でなお、「虚構」を事実として叫び続ける社会が、客観的・中立的に省察する市民社会だと言い切れるのか。自分たちが加害者であった歴史だけでなく、被害者であった時の事実をどこまで証左する意思が韓国の市民社会にあるのか。日本の市民社会がいぶかっているのは、その一点だろう。同時に、日本政府は、事実に基づかない韓国の主張にはそのつど、抗議すべきだ。それをしていないのは怠慢でしかない。

ベトナムで韓国軍のために韓国人が売春施設を経営していたことが、改めて日本の保守系の活動家や知識人らの口や筆から韓国に伝わると、韓国の保守系知識人らが、「日本の保守派は、北朝鮮に従い、韓国を破壊している従北勢力の味方なのか」とカンカンになった。「歴史戦」は日韓の左派右派入り乱れての乱戦状態だ。

懲《こ》りない社会の繁栄

セウォル号事件で、犠牲になった高校生のほとんどが暮らしていた安山《アンサン》市に韓国政府が設けた合同焼香所に、焼香しに行った。長い列が続いていた。ずらりと並ぶ幼い遺影に、自然と涙がこぼれそうになった。外で、焼香を終えた女性がじっと、広場のアスファルトを見つめていた。

事故原因は韓国社会の悪弊のすべてだ、と人々は口をそろえた。船会社グループの実質的オーナーであり、怪《あや》しげなキリスト教系の宗教団体を率いていた男の行方《ゆくえ》が分からず大捜査網が敷かれている中で、実は四十日も前に見つかった変死体がその男だった、と分かるズサンな幕切れが、この事件を生んだ社会の姿を浮き彫りにした。

「どうして、こんな惨事が」と国中が騒ぎ、「安全軽視が招いた惨事」の見出しが新聞にあふれた。ソウルの市庁前にも焼香所が、作られた。

「幸せな世界に行ってください」

「あなたがたを決して忘れません」

そんな弔《とむら》いの言葉が書かれた黄色いリボンの束が、長い長い弔問客用のテントの両側を埋めていた。ソウル市庁の前だけではなかった。地方のちょっとした町には焼香所が作られ、黄色いリボンが揺れていた。

しかし、バスに乗れば、運転手は相変わらずラジオを聞きながらの運転だ。地方都市のバスの運転手は、ずっと携帯電話で知人と話し続けたまま、ハンドルをさばいていた。遺族の嗚咽《おえつ》が轟く事態と、いつもの韓国の景色が共存する日々。サイレントデモがあった弘益大前でも、商店街の路地の電柱わきは、ポイ捨てのゴミ山だった。事件をもたらした日々の生活の中の無秩序が、改まることはないのか。ふと、一九六九年、ライフル銃を構えた憲兵が歩哨に立っていたソウルの交差点でも「秩序を守ろう」と書かれた垂れ幕が風に揺れていたことを思い出した。それから、韓国軍の駐屯地にも「秩序」の大きな額が掲げられていた。かくも永き「秩序不在」の主犯はなんなのか。知り合いはこう語る。

「民主化は果たしても、力あるものが同胞を静かにしていろと見捨て、われ先に逃げるエゴイズム剝《む》き出しの社会だった面は変わっていないということです。そうした社会で、秩序が定着するはずがないですよ」

エゴイズムが剝き出しの社会はたくさんある。韓国社会だけの話ではない。北朝鮮もまた、力なきものは、誰からも守られない社会だ。同胞が同胞を虐待し、人間の尊厳を破壊された挙句、命を失っていく政治犯収容所に、いまも二十万人が閉じ込められている。

漢江の奇跡は、豊かであることを享受するだけの現代の「両班」を増やしただけだったのかもしれない。韓国は、北の同胞を解放しようとしない歳月をいまも重ねている。韓国国会で、北朝鮮内での人権侵害事件を収集・記録し、統一後に加害者を追求、訴追するのに必要な「北朝鮮人権法」がやっと成立したのは、二〇一六年三月だ。成立まで十一年もかかった。

北の同胞を見殺しにしながら繁栄を謳歌している後ろめたい社会で、仮想ではあっても正義の共同幻想を与えられるこの国のナショナリズムとは、「反日の正義」しかないのかもしれない。同胞の血と性という、ただ肉体を売ることで何とかしのいでいた日々から今日の繁栄を築きあげた韓国社会はいつ、幻想を超えた正義を持つ社会へと変身していくだろうか。

7

黄色いジャケットの女旅。秋《しゅう》波《は》に揺れた大統領の豹変

還郷女《ファニンボク》と胡水満腹《ホスマンボク》とハンバーグ

「還郷女」や、「胡水満腹」は、中国と朝鮮半島との長い歴史が残した言葉だ。これまで日本で、これらの言葉を知っている人はそれほどいなかった。知っていても口にしなかった。他人の傷に塩を塗るようなことは口にすべきではないのが、日本社会の道徳観のひとつだからだ。

それが、旧日本軍慰安婦問題で、韓国内の反日・反政府系団体どころか韓国政府までが国際社会で、平気で日本を貶《おとし》めようと躍起になって以来、日本国内でちょっと韓国に関心を持つ人なら、知っていて当たり前の言葉のように「還郷女」や「胡水満腹」は広まっている。だれがどう広げたのかはともかく、日本国内の嫌韓感情のなせる業《わざ》であることは確かだ。他人の古傷をためらわず暴くようになったのも日本社会の韓国化現象のひとつなのか。少しげんなりだ。

「還郷女」や「胡水満腹」の意味は何か。「胡」は、時代時代の中国政権を指す。韓国の有力紙のひとつ、中央日報の二〇一一年七月二十二日の日本語版サイトに載った「中国、我が歴史のトラウマ」とのコラムでこうある。

「（李朝は）力もないのに後金《こうきん》に逆らい丁卯胡乱《チョンミュホナン》（一六二七年）を経験し、続いて丙子胡乱《ピョンジャホナン》（一六三六年）では、はるかに過酷な災難を迎えた。（略）清に連れて行かれて性奴隷に転落した朝鮮女性は、満州人の本妻から熱湯を掛けられたりもした。苦労して故国に戻ると『還郷女』という罵声を浴びた」

丙子胡乱で、清の男たちの慰《なぐさ》みものにされた挙句に戻ってきた朝鮮女性を指す言葉が、「還郷女」だ。お役御免になってやっと国境までたどり着いても、貞操を奪われて戻って来た女と蔑《さげす》まれ、追い返された女性もいた。そうされた女がどれほどいたかはよく分からないが、そんな言葉が残るほどだから少ない人数ではないだろう。いまでも、「身持ちの悪い女」とか「あばずれ」という意味で「還郷女」という言葉は使われることがある。このコラムを書いた論説委員氏は、こう述懐している。

「先祖にとって中国発の屈辱はほとんど日常的だった」

李朝に先立つ高麗は、一二三〇年代初めから三十年ほどの間に六回、モンゴルに侵略された。国土は荒廃し、一度に、少なくとも二十万人の男女が捕虜として連れて行かれるような目に遭った。「胡水満腹」はその時代に出現した言葉だ。「胡水満腹」の

「胡」はモンゴルを指し、「水」は精子。意味はこうだと教えられた。

「高麗の女たちの腹がモンゴル兵の精子で一杯にされた」

あらためて韓国のインターネットサイトで「胡水満腹」の由来を検索すると、こんな記載になっていた。

「たくさんの高麗の女がモンゴル兵に犯されたが、王が大きな湖をつくり、その湖水で体を洗えば、汚れが落ちることにした、という故事にちなんでいる」

モンゴル兵は、肉を入れた袋を鞍にぶら下げ、叩かれ柔らかくなった肉を食べながらユーラシア大陸を侵攻しまくり、「胡水満腹」を続けた。ロシア人などの中国への恐れの根は、そこにあるのだろう。同時に、わずか七十年前、日本との不可侵条約を破り、攻め込んできたソ連軍は、まさに「ソ水満腹」の獣だった。敗戦で日本に引き揚げる群れに「マダムダワイ」(女をよこせ)と銃口を突きつけた。娘を目の前で犯された家族がどれほどにのぼるか。祖国の港を前に、ソ連兵の胎児とともに海に飛び込んだ女性も相次いだ。その悲劇の記録は、日本海岸の引き揚げ港の町にいまも残っている。

旧日本軍慰安婦問題を「戦時下の女性の人権」として糾弾する日本の運動家はなぜ、まったく同じ時代に起き、日本社会では広く知られている、旧ソ連軍の陵辱には目をつぶるのか。時代が違うと言うのなら、旧日本軍慰安婦問題もそうだろう。これもダブルスタンダードだ。そこらも日本社会の韓国化、ということか。

それにしても、日本の女性はどんな時代でも「日本女性」だ。朝鮮半島では、新羅女性、高麗女性、朝鮮女性、韓国女性と時代ごとに変わる。新羅の頃は、女性はとてものびのびとした存在だったという話も聞いたが、そんな呼び方の変遷にも朝鮮半島の歴史の激しさが浮かんで見える。その上、すでに触れた「観光キーセン」や「洋公主」。女たちは犠牲にされ続けてきた。知り合いの主婦はまた、こうつぶやいた。

「国が強くなかったから」

離米従中の極み

朴槿恵政権の発足以来、日米の韓国ウォッチャーなどの間で高まったのが韓国の「離米従中」論だ。

「韓国外交政策は、日本や米国から離れ、これまでの政権以上に中国に追随していく方向に進んでいる」

「いまの韓国は、中国が目論む、米日韓離反策に迎合することばかりしている」

対中韓我慢外交を続けていたオバマ政権内でも、そうした見方が強まった。従中へと傾く韓国の深層心理には、膨張する中国と退潮する米国という現在の世界情勢にその昔、後金の威勢を見抜けず、明にくっついたままだったことで、「丁卯胡乱」の災禍を招いたトラウマが蘇ったのかもしれない。

それはともかく、朴槿恵大統領は就任してほぼ一年間で五回も中国の習近平主席と首脳会談を開いた。米国には広い太平洋を両国で二分しようともちかけ、日本へは胸の匕首《あいくち》を隠さない習近平主席との二〇一四年七月の会談では、日本の集団的自衛権に関して「憂慮」で一致した。日本の集団的自衛権の核心は日米安保だ。憂慮の表明はその否定ではないか。

習近平主席は、朴槿恵大統領から安重根の碑を建てさせてくれと頼まれると、安重根記念館をプレゼントした。二〇一五年九月三日には北京での「抗日戦勝七十年」軍事パレードを、彼女は黄色のジャケット姿で参観した。黄色は中国皇帝の色で、属国の李朝の王は身に着けることができなかった。米国の不興を承知のうえで、中韓対等を演じたジャケット・パフォーマンスで韓国民は大喜びした。

南シナ海を中国が埋め立て、急ピッチで軍事基地化を進め、米国や周辺国との対立が深まった。しかし、朴槿恵大統領はあいまいなままだ。

二〇一五年の日本経済新聞と韓国の中央日報の世論調査では、「最も重要な国が中国」と答えた人は韓国で三二・九%、日本で九・四%。五年前の調査では、ともに二〇・〇%だった。中国を見る両国民の目には相当な違いが生じていることがはっきりしている。五十歳を超えたソウルの知人が、会うなりこう言った。

「中国語の語学学校に通い始めたのですよ」

中国抜きでは韓国のビジネスは成り立たないからだ。片言でも話せたほうが、商談がスムーズになると、語学学校はそうしたビジネスマンで一杯だという。そのうえ、こうだと付け加えた。

「娘が通う中学校で、第二外国語で日本語を教えなくなりました。希望者が少ないので。これからは中国語の時代だと、大学でも中国語の人気が高いですよ」

人口五千万人の韓国にとって、一四億人の中国の魅力は、とてつもなく大きい。

「ざっと三十倍ですからね」

彼はそう言った。中国教育部の統計によると、二〇一四年で中国の外国人留学生は約三十七万七千人で、一位は韓国人約六万三千人。日本の文部省の発表では、二〇一二年の在中国日本人留学生は約二万一千人。三分の一だ。

政治的な面からも韓国は中国に頼らざるを得ないと、韓国元国会議員の一人は、こう愚痴った。

「中国は長く北朝鮮の兄貴分で、いまも大きな影響力を持っています。核問題などで、北朝鮮の行動を抑《おさ》えられるのは中国だけだし、民族の悲願である統一も中国の力を無視できない。韓国は中国に近づかざるをえないのです。そこを日本は理解してくれないで、韓国を中国に追いやることばかりしている」

駐韓米軍が中国との国境沿いにまで進出することを恐れている中国が、現在の状況下で仮に北朝鮮が崩壊した場合、どう動くだろうか。

「当然、中国軍を北朝鮮国内に進駐させる。しかし、どこまで進駐させるかの計画はできていない。米韓軍も進駐した場合、どこでお互いを区切るか、を決める道筋もできていない。そういう現状だから、中国はいきなり北が崩壊するのを恐れているのが実際のところだ」

韓国の中国ウォッチャーの一人はそう分析した。しかし韓国では二〇一五年、

「中国にとって統一韓国が無害な存在となる国際環境がもたらされれば、米軍に韓国の安全保障を全面的に委ねる状況でなくなってもおかしくない」

との大胆な予想が語られるまでになった。先の抗日戦勝七十年軍事パレードからの帰途の機中で、朴槿恵大統領は習近平国家主席との会談では、

「(南北朝鮮の)平和統一に向け互いに協力し合う方向で意見を交換した」

と明らかにして中韓蜜月、統一ムードを盛り上げた。歴史を見れば、中国が、朝鮮半島の自立に肯定的な時代があったとは思えないのだが。統一容認論の幻想を彼女に吹き込んだのは誰か。答えははっきりしている。

一九九二年の中韓国交正常化の過程で、韓国は朝鮮戦争に中国が参戦したことへの

謝罪を求めたが、まともに取り合ってもらえなかった。国交樹立時の記者会見で、「中国は、過去に対し韓国に謝罪したか」

との質問が出ると、中国スポークスマンは即座に否定したのだった。

中華街が消えた国

この頃の韓国旅行案内書では盛んに、仁川《インチョン》の中華街が紹介されている。実際には、生活に密着して発展した中華街がない、世界でも稀《まれ》な国が韓国だった。たしかにいま、仁川駅を出ればすぐ、中華街の巨大な門が目につく。坂を登れば大きな中華料理店のビルが並び、中国式庭園もある。実際は、この十年余り巨大化した、映画のロケセットのごとき観光中華街だ。世界に散らばった華人たちが、異国での汗と喜びで築き上げてきた、日本や米国に見られる中華街ではない。そうした中華街の面影があったのは日本支配の時代だった。

中国人商人が朝鮮で商売を広く始めたのは、中国と朝鮮半島のかかわりからすると意外と浅く、李朝末期からだ。仁川が開港した一八八三年前後から日本人商人と競うように山東半島から中国人商人がやってきた。日本支配下の一九四二年ごろには朝鮮総督府の資料では朝鮮北部を中心に、約八万二千人の中国人がいた。大部分が野菜作りの農民といわれるが、京城（現在のソウル）や仁川、釜山、元山《ウオンサン》には、それほど大きくはないが、中華街が生まれた。

一九二三（大正一二）年の京城の個人納税額の一番は華僑で、市内タクシーの七割は華僑経営だった。日本の支配下、経済力を高めた華僑は、解放翌年の一九四六年には、韓国の貿易輸入額の八二％を握っていた。韓国建国の一九四八年当時の華僑人口は約一万二千人だった。李承晩政権は、華僑に韓国経済が支配されることを恐れ、外貨取引を禁止、弱体化を図った。それでも一九四九年の中華人民共和国建国、共産党支配を嫌った中国人の韓国流入は続いた。七二年には約三万三千人台までに達した。

朴槿恵大統領の父、朴正煕大統領はさらに厳しく華僑排撃の手を打った。華僑の永住権や帰化は認めず、一九七〇年には、持てる不動産を五十坪以下の店一軒、二百坪以下の居住用土地一カ所に制限した。合弁事業も持ち分は四九％以下と手足を縛った。不動産に投資もできないから簞笥《たんす》貯金で貯め込む一方だった現金は、十対一の貨幣改革で紙くずにした。容赦ない弾圧で八一年には韓国華僑は三万人を切った。一千万都市のソウルで華僑ができる商売といえば、安くて手軽な国民食のひとつ、韓国風ジャージャー麺がウリの小さな中華料理店が二百店前後、それに漢方薬局ぐらいしかなくなった。

ジャージャー麺は元々、韓国華僑の故郷である山東地方の料理だ。揚げ麺にかける黒味噌が、韓国人の好みの甘辛い味に変わっている。華僑弾圧時代には値段も統制され、値上げも勝手にできなかったそうだ。華僑へのいやがらせもあっただろうが、農村から流入し、ソウルの土木工事現場や大きな市場でチゲと呼ばれた背負い道具で重い荷物を運び、腹をすかせながら日銭を稼いでいた最底辺の働き手の不満を抑えるためには、ジャージャー麺などの値段を抑えたかったこともあったろう。

朴槿恵大統領の父の華僑弾圧には、朝鮮半島を踏みにじってきた中国への怒りもあったのか。黄色いジャケットにサングラスをかけ、中国軍の近代兵器を並べたパレードを見つめている娘の姿は、父の目にどう映っただろうか。

逃げまくる王様の世界遺産

韓国の新聞記事などでは時折、「数えきれないほどの侵略を受けても、他国を侵略したことのないわが民族の歴史」のような記述を見る。すると朝鮮半島が「胡水満腹」でモンゴル兵を満足させた時代から間もなく、高麗が元軍とともに日本を攻めた元寇《げんこう》（一二七四年、一二八一年）は、侵略ではないということだろうか。ソウルで若い女性に、

「昔、高麗が日本に攻めてきたことがあるけど」

と、話したらびっくりされたことがある。元寇が中学や高校の歴史では教えられていなかったようだ。日本に留学中の大学生に確かめると、

「日本に文化を伝えたとか、倭寇の被害に遭ったことは教えられるけど、元寇のようなことはあまり教えられませんね。朝鮮半島の中での出来事中心の授業でしたから」

という返事だった。大国にくっいての侵略の歴史は教えたくないようだ。

大学生向けの韓国史教科書では載っていたが、高麗軍はいやいや元に従って来襲しただけという表現だった記憶がある。昔は日本でも同じ見方だったが、最近では日本

攻めに当時の高麗王はずいぶんと積極的だったとの説が有力だ。ひょっとしたら高麗の兵士は、「自分たちは高水満腹の先兵だ」と勇んでいたかもしれない。高麗は「武臣政権」の時代もあった。北方へ兵をたびたび進めている。やられっ放しの、元の手先ではなかったろう。

その元に続いた明も、処女を要求した。

李氏朝鮮建国（一三九二年）から一五年後の第三代太宗《たいそう》の時代に、処女三百人を明に差し出した。そのうちの五十人が中国皇帝の後宮に入り、当時の皇帝永楽《えいらく》王を楽しませたそうだ。皇帝はよほどお気に召したのか、翌年にも処女供出を命じたが、それがどうなったかは、知らない。

元寇から約三百年後、秀吉の文禄・慶長の役（一五九二―一五九八、韓国では壬辰倭乱《イムジンウェラン》と呼ぶ）。朝鮮の総理大臣にあたる当時の領議政、柳成竜《リュソンヨン》が、朝鮮王朝の対応や戦況などを細かく書き残した書が『懲毖録《ちょうひろく》』だ。侵攻前年に秀吉に命じられて釜山入りした対馬の僧、玄蘇《げんそ》が朝鮮側の接待を受けた際に、

「昔、高麗が元の兵を導いて日本を攻撃したことがあります。日本が、このことをも

って怨みを朝鮮に報いようとするのは、勢いとして当然のことであります」と、主張したと記している（東洋文庫版）。一年が当時の人々の体感時間でどれほどであるのかは分からないが、秀吉は三百年前の恨《ハン》を晴らすことに歴史の大義を見つけたということか。

それはともかく、高麗、李朝と続くざっと一千年の朝鮮半島の歴史で、侵略者と戦った農民や僧、武臣はいても、戦場に自ら出陣して戦死したとか、捕えられて命を失ったとか、降伏を恥じて自死した王がいたという話を聞いたことがないのは、きっと浅学ゆえだろう。

モンゴルに攻められた高麗王高宗《コジョン》は江華島《こうかとう》に閉じこもり、贅沢《ぜいたく》な日々を送りながら撃退を祈念し、十六年かけて「大蔵経板」の木版八万千二百五十八枚を彫り直した。いま、慶州《キョンジュ》の海印寺《ヘインサ》に納められ、韓国が誇る世界最古で完璧な仏教経典として世界文化遺産となっているが、この間、モンゴルの侵略は繰《く》り返され、置き去りにされた民は「胡水満腹」の暴虐にさらされた。それでも高麗は北の失地を回復したが、高麗の武人だった李成桂《イソング》が建国した李朝の王宣祖《ソンジョ》は豊臣秀吉軍が攻め入るや、現在のソウルから平壌《ピョンヤン》、遂には中朝国境そばの義州《ウィジュ》まで逃げた。主が消えた景福宮《キョンポックン》は民に略奪され、火をつけられた。王子二人も、地方で捕らえられ、豊臣軍に差し出された。王家はちっとも好かれていなかった。

一七世紀の丙子胡乱に遭遇した王仁祖《インジョ》は、江華島《カンファド》までは逃げられず、ソウル郊外の南漢山城《ナムハンサンソン》に籠《こも》った挙句、すでに述べたように清の総大将の目前で、地面に額を何度も打ちつける超土下座をして容赦してもらった。その代償が「還郷女哀話」だった。この時、約六十万人が、引き揚げる清兵とともに連れて行かれ、奴隷として売られたと言われる。当時の朝鮮半島の人口は一千万人だった。実にその六%にあたる。ところが、韓国のナショナリストの中には、こう力説する向きもある。

「中国は、侵略はしたが、朝鮮を支配しなかった。宗主国である中国王朝への朝貢の代価として中国からもらう高価な物を計算すると、朝鮮のほうが儲かった。中国は大国だから、そうやって朝鮮を手なずけたのだ。日本は奪うだけだった」

中国の暴虐への見返りはしっかりと得ていたというわけだ。だから日本からも取れるだけ取ろうということかもしれないが、日本の支配も、経済的な面からみれば、日本の出超《しゅっちょう》だったとの見方は定着している。そもそも、併合による財政負担の増加を恐れる声は、日本の中で強かった。

今の日本にとっては、損得勘定うんぬんよりは、帝国主義の時代ではあったが、日本の安保や国益から見て、朝鮮半島を植民地にする選択肢しかなかったのか。実はそれ以外の道があったのではないか、と過去を検証し続けることが、韓国社会の妙な主張にいきり立つより、肝要なことだろう。

中央日報のコラムを話題にしながら、ソウルで昼食を食べた主婦は、韓国社会での一般的な中国認識を、冷麺をほぐしながら教えてくれた。

「中国のやり方は、朝鮮の支配階級を使った間接支配だったから、韓国ではいまひとつ、中国に支配された実感が薄いわけ。李朝の時も中国商人が朝鮮に乗り込んできて独占的に儲けたのではなくて、宮廷と結びついた朝鮮の特権層が余禄に与《あず》かっていい思いをするだけだったから、中国に奪われたという気持ちにならず、李朝の特権層を憎むだけだった。突き詰めれば、中国が直接支配したくなる魅力が朝鮮になかったというだけの話じゃないかしらとは思うけど……」

従中の黄昏

朴槿恵政権の「従中離米」傾斜とは裏腹に、韓中の経済関係面には雨雲が広がった。

二〇一四年の対中貿易額や貿易黒字は、前年を下回った。対中貿易黒字は六百二十八億ドルから五百五十二億ドルへと一二％減少（韓国経済研究院調べ）。中国からの企業撤退は相次いでいる。韓国外交通商省の資料では、一万社だった山東省内の韓国企業が一〇年には六千二百二十六社、一三年には四千七百四十三社と一年ごとに五百社も減った。それも韓国人経営者らがいきなり姿を消す夜逃げ型が多く、現地で深刻な摩擦を生んだ。大連から来日、東京で暮らす四十歳代の中国人女性が日本人も驚く嫌韓ぶりで怒っていた。

「一九九〇年代の大連では、韓国人業者が、中国の縫製業者に代金を払わないで、夜逃げしまくった。朝鮮族の中には中国の国民なのに中国語が話せない人もけっこうたくさんいるから、それも中国人には面白くないこと。中国発祥の伝統行事、端午《たんご》の節句を、韓国が自国の風習としてちゃっかり世界遺産に登録したことも、癪《しゃく》の種《たね》。偉大な詩人、李白《りはく》まで韓国人だと言い張っていることでも頭にきている。中韓蜜月なんてとんでもない」

それにしても明けても暮れても「自尊心」の一本槍で、自尊心にとって都合の悪いことは言わないのが韓国人気質だ。二〇一四年に東京で開かれた講演会で、米国の教壇に立つ韓国人の老教授が、朝鮮の歴史を振り返りながら、中国への献上品の中に貢女がいたことに触れた。そんな「国恥」をいきなり聞かされ、会場は静まりかえった。壇上でしばらく黙り、ため息をついたこの老教授の心情が痛いほど伝わったからだ。日韓が信頼関係を築くのに必要なことは、市民団体や自治体らの口先だけのセレモニー交流を重ねることより、もっと大事なことがある。それぞれが不愉快であっても事実を事実として認め合うことだ。

日韓国交正常化五十年の日韓関係のシンポジウムなどを聞きに出かけると、韓国側の学者や政府関係者などが、こんな前置きをするのが珍しくなかった。

「高麗や李朝時代に中国から受けた屈辱的な事柄を忘れているわけではないが……」

習近平政権の「中国の夢」への警戒心を強めざるをえなくなったのか。暮れの日本

政府主催の拉致問題国際シンポジウムでは、韓国外務省の人権大使が、

「拉致問題など北朝鮮の人権問題は、日韓が共同して国際社会に働きかける問題だ。中国に対しても、目をそむけないように圧力を強めなければならない」

との主旨の発言をした。「米中バランサー外交」というお題目の離米宣言で米国に不信感を植え付けた韓国政府の高官が、オープンな場で中国に圧力をかけるなどと宣言してみせたのは、いまにして考えれば、日本軍慰安婦問題での「合意」を視野に、韓国従中論を冷ます狙いがあったのかもしれないが。

韓国の新聞記事によると二〇一六年、朴槿恵大統領は四回目の核実験をした北朝鮮への強力な制裁に対して、誰の目にも微温的だった習近平中国国家主席について、

「失望した。これ以上、期待するな」

と側近に告げたという。

韓国政府筋はこう釈明する。

「そこまではっきりとは言っていないと聞いています。朴槿恵大統領の中国接近はそもそも、北朝鮮核開発阻止戦略を六者協議路線でやって来ても、成功しなかったの

で、韓中が共同で圧力をかける路線でやってみたらどうかで進めたまでです。韓米日協調を軽く見たわけではないのです」

北朝鮮がさらにムスダンミサイルなどの発射実験を繰り返す中で、朴槿恵政権は、二〇一六年七月、THAAD配備の韓米合意に踏み切った。

朴槿恵大統領には北朝鮮の一連の挑発行為は、もしかしたら僥倖《ぎようこう》だったかもしれない。秋波《しゆうは》を送り続けてきた中国を一気に袖《そで》にして、米国の屋根の下に戻る絶好の口実になったのだから。

中国の安全保障にとって北朝鮮の存在は不可欠だ。紆余曲折《うよきよくせつ》があっても、なだめすかすしかない。一方で駐韓米軍は常に喉元の刃《やいば》だ。「姫の豹変」にどう出るか。あの手この手のしっぺ返しが中国の常套《じようとう》手段だ。中国の本質を知る機会になるだろう。

韓国の学者の一人は引退後、米国で医者をしている息子さん一家と暮らしている。韓国副首相だった人は、子供たちが米国で暮らしているといっていた。米国で教鞭《きようべん》をとる韓国人教授も確か、息子は米国で弁護士をしているといった。国交正常化した中国に根を下ろした子息がいるとか、その元で暮らしているという韓国の知識人や指導者層だった人に会ったことはない。米国と中国への本音をそこに見るのだが。

ソウル一の繁華街、明洞で中華民国大使館の一帯だけは、国交正常化前も賑わいと無縁だった。中華人民共和国との国交正常化は、解放後、韓国をイの一番に承認した中華民国への突然の断交通告という「裏切り」で進んだ。なすすべもなく、中華民国大使館の青天白日満地紅旗が降ろされ、中華人民共和国が主となった夜、大使館に面した暗い路地に華僑たちが集まり、すすり泣いた。いま、中華人民共和国駐韓大使館は改築され威容を誇る。しかし、その一角はなお薄暗い。

8 あの世とこの世が続く国の嫉妬と彼岸はどこに

腰の軽い人々

先に紹介した中央日報の記事では、中国に連れて行かれて戻ってきた女を還郷女《ファニャンニョ》と卑《いや》しんだのは、「儒教倫理から」というわけだが、韓国の評論家からこう教えてもらったことがある。

「そうじゃないよ。本当は嫉妬心からだよ」

ひどいことをされたって？　俺たちがもっとひどい目に遭っている時に、本当は中国の都でさんざんいい思いを味わっていたんじゃないの？　という気持ちがどこかに潜んでいる、というのだ。清朝の故郷、満州にはもともと朝鮮人がたくさん移り住んでいたから、清朝に仕え、地方の官吏で出世し、羽振りが良くなった人も多かった。

ＮＨＫが放送した韓流ドラマ「イ・サン」の時代背景は、一八世紀後期の朝鮮王、正祖《チョンジョ》の世だった。

ドラマでは、主人公の宮廷の女性画家が、清の使者にいきなり目をつけられ、都に連れて行かれそうになる場面がある。実際の「貢女」の選び方は、画家が描いた美人女官や臣下の子女などの似顔絵を使者に見せて選ばせた。お気に入りの女たちを連れて行かれないよう、画家にわざとブスに描くように命じた王もいた。

ところが、使者も強者《つわもの》。魂胆を見破って、ブス顔女を選び、王を泣かせた。中国の元朝最後の皇后は貢女の一人で、この話も韓流ドラマになったからご存じの方は多いだろう。皇后は無理でも、当時の中国の都と朝鮮半島では、豊かさはまったく違う。朝鮮では、艶《あで》やかな絹布を手に入れるだけでも大変だった。化粧品も余りなかったろう。食べ物だって充分ではなかった。「嫉妬」も、あながち的外れではないだろう。

在日韓国人が韓国でパンチョパリ（半日本人）と呼ばれ、蔑視を受けがちなことはよく知られている。韓国人が言い訳に使うセリフがこうだ。

「朝鮮戦争で俺たちが命を賭けて戦っている時に、あいつらは日本でカネ儲けした。安逸な暮らしを日本で楽しんでいた奴らだ」

これも一種の嫉妬心だろう。

「反日の根っ子には、朝鮮戦争特需で復興できた日本への反感がある」

よくこう言われるが、反日の底にも「妬《ねた》み」があったろう。一昔前は、韓国駐在の日本人特派員の間では、韓国が経済成長すればそうした妬みも消え、反日の気分も次第になくなる、との楽観論が主流だった。しかし、東日本大震災後のサッカー戦のスタンドに「日本の大地震をお祝いします」の横断幕が登場して以来、そんな見方は消えた。ただの妬み嫉《そね》みではない、尋常でないものを感じた日本人は多いだろう。韓国の諺《ことわざ》のひとつが、これだ。

「水に落ちた犬は棒で叩け」。

二〇一六年二月には、ソウルで予定された東日本大震災復興ＰＲの催しが、開催当日になって市民団体の反対で中止になった。「放射能で汚染された福島のものを我々に食べさせるのか」と怒っていたが、五十代の主婦は、あきれ顔だった。

「大騒ぎして、デモして、翌日には日本観光に出かけて、お寿司やら何やらをたらふく食べて帰ってくるのが韓国人。何も騒がす、黙って、韓国に来ず、韓国製品を買わないのが日本人」

在米韓国人への陰口は「バナナ」だ。「肌は黄色くても中身はアメリカ人そのものだから」と言う人と、「いくら気持ちはアメリカ人になっても、肌の色は変えられないから」と言う人と、二通りいる。いずれにしても嫉妬心がギラギラしている。異国暮らしの同胞に嫉妬を感じるのはどうしてか。先の評論家の解説を紹介する。

「半島に閉じ込められ、逃げることができない民族のネタミ、ソネミですよ」

しかし、この民族はじっと閉じ込められたままでいる人たちだろうか。故国を離れ、異郷で暮らす人々の代表格はなんといっても華僑だ。外務省の資料などでは、中国と台湾を合わせた人口が大体十三億三千三百万人。漢族はうち九割として約十二億人。中国のマスコミ報道によると、世界の華僑・華人は六千万人。漢族全体に占める割合は五％になる。漢族や華僑などの人数には違う数字もあるが、調べて計算した限りでは、華僑・華人が占める割合は、最大でも七・一％だった。

一方、韓国と北朝鮮の人口は計七千五百万人。韓国の聯合ニュースなどの報道では海外同胞七百五十万と報じている。この数字で計算すると、韓国民だけだと、なんと海外同胞の割合は一五％にもなる。自由に海外に出られない北朝鮮の人口を加えても九％だ。華僑・華人と比べても、韓国・朝鮮民族は腰軽といえる。ちなみに日本人の場合は二・三％だ。

二〇一一年ごろには、韓国の会社員の七割が海外移民を夢見ているとの記事が韓国紙に載った。韓国政府のまとめでは現在、米国には韓国系市民が約百七十万人いる。米国人口の〇・六％で、日系米国人は約百二十万人だ。

知人の一人も米国に渡った。それも五十代で、退職金とマンションを売り払ったカネ、女房と娘二人を引き連れて。

「どうして、渡米するのですか」

と尋ねた。こんな返事が戻ってきた。

「やっぱり、この国だと、明日、何が起こるか分からないからね」

八〇年代に、アラスカに渡った韓国人の知人がいた。モヤシ栽培を成功させると勇んでいたが、いつの間《ま》にか韓国に戻ってきた。いまは、アフリカで漁業をやっているらしい。以前、アフリカでは日本向けにうってつけのサカナがごちゃごちゃ泳いでいると話していたから、実行したのだろう。

李承晩の毀誉褒貶

中華街がある仁川には二〇〇八年に開館した「韓国移民史博物館」がある。博物館の案内を読むと、一九〇二年に最初の移民百二十一人が砂糖農園で働くためにハワイに向かった。一行は仁川港から日本船「玄海丸」で長崎に到着。身体検査で十九人が脱落、ハワイ航路の米国船に乗ったのは、百二人だったとある。有名な李承晩《イスンマン》大統領は、一九〇四年に米国に渡り、ルーズベルト大統領に日韓併合反対への支援を求めたが協力を得られなかった。解放後に帰国、米国の後ろ盾もあり初代大統領になった。しかし、朝鮮戦争を挟んだ十二年間の独裁の果てに、一九六〇年の四・一九学生革命で米国に亡命、ハワイで九十年の生涯を終えた。祖国と米国で半分ずつ過ごした人生だった。

日本で李承晩大統領といえば、李承晩ラインに象徴される反日政治家として知られる。ただ、李承晩政権を支えていたのは反日派というよりむしろ、韓国で言うところの、元は対日協力者が多くを占めていた。建前は「反日」、人脈では「親日派」の二重構造だった。米国を活動拠点にして過ごしたから、韓国内には政治的基盤がほとんどなく、政権運営は元朝鮮総督府の官僚や警官らに頼らざるをえなかったのだ。

日本支配下の朝鮮半島の生活の実像を知らなかったことが、観念的で独善的な反日政策に直結した、とも言われる。いまの韓国社会の反日構造とどこか似ている。朴正熙大統領がちゃっかり日本を活用し、反日も利用したのと対照的だ。

李承晩大統領は、没落両班とはいえ李朝につながる血筋で、生まれは今の北朝鮮。開城《ケソン》工業団地で時々話題になる開城だ。地縁も南の韓国になく、北出身者を厚遇した。赤化した北朝鮮から共産党支配を嫌って逃げてきた人たちも、混乱の日々の中では反共を掲げる李承晩政権を支える以外の選択はなかった。

反共という共通の土壌の中から、李承晩勢力に対抗する勢力としていきなり登場したのが朴正熙少将（当時）だった。ちなみに、クーデター当時の韓国軍の主流も北出身者だった。

李承晩政権のスポンサーは李王朝の故郷、全羅道《チヨンラド》の財閥だ。朴正熙大統領は南部の慶尚北道《キヨンサンプクト》出身。日本統治時代にはなかった全羅道と慶尚道の深刻な地域対立は、解放後の韓国権力史が生んだといえる。

李承晩大統領の評価は、日本でも韓国でも、「独裁と不正腐敗の挙句、国民を奈落の底に突き落とした大統領」だった。それが数年前から、韓国保守派の中で再評価の声が高まっている。

昨日の英雄が民族を裏切った賊臣と呼ばれ、今日の賊臣が明日は英雄となる毀誉褒貶《きよほうへん》の激しさは、朝鮮半島につきものとはいえ、韓国を代表する保守系ジャーナリスト、趙甲濟《チョガプジェ》氏は、数年前から日本でいえば日比谷交差点にあたる光化門《こうかもん》の広場を「李承晩広場と改名すべき」と主張している。没後五十年になる二〇一五年には保守系最有力紙、朝鮮日報が「韓国現代史の立て直しは李承晩再評価から」という社説を掲げ、「偉大な指導者・李承晩を知らなすぎる韓国人」とのコラムを掲載するまでになった。趙甲濟氏に、なぜ再評価なのか尋ねた。

「李承晩大統領は、新生韓国が、自由民主主義の米国の側に立ち、北朝鮮と対決する道を選択しました。その結果として今日、韓国が存在していられるのです。これが功績でなくて何なのでしょう」

「李承晩大統領は、農地改革や民主主義教育に力を入れました。その教育を受けた学生が四・一九革命を起こしたのです。つまり、自分が実現した民主主義が成功した結果、彼は追放されたのです」

韓国史で独裁との戦いの第一章がこの「四・一九学生革命」から始まることは間違いない。全国で死者百八十三人、負傷者六千二百五十九人の犠牲が出た。再評価は、「独裁」を無条件に正当化することにならないか。独裁下の虐殺や腐敗をどう考えるのだろうか。二〇一五年初夏、韓国の公営放送KBSはこんなニュースを伝えた。

「朝鮮戦争で北朝鮮軍がソウルを陥落した時、敗走する李承晩大統領が、日本への亡命を図ろうとした」

ところがその後、保守系団体の「事実と異なる」などの主張をニュース番組で流し、事実上の訂正・取り消しをしたうえ、報道局幹部らを更迭《こうてつ》した。同局がデジタルニュースで載せた、

「戦争のさなかで指導者が亡命試みる　宣祖と李承晩」

の記事も保守派の怒りを増進させたようだ。

すでに説明した通り、宣祖は豊臣秀吉軍が攻め入るや、逃げ回った王だ。李承晩大統領が山口県に六万人の亡命政権の受け入れを打診したことは、日本の関係者の間では知られていた話だ。都合が悪い事実はみな力ずくで、

「歴史の捏造《ねつぞう》」にしてしまうのは、左派であろうが右派であろうが同じということか。

李承晩大統領は、朝鮮戦争勃発で避難民がごった返していた漢江大橋《ハンガンテギョ》を爆破して多数の市民を犠牲にして、釜山まで逃げた。韓国南部の巨済島《コジェド》の朝鮮戦争捕虜収容所遺跡公園には、爆破された漢江大橋を渡る避難民のモニュメントが屋外展示されている。再評価が定着したら、李承晩大統領には都合の悪い、このモニュメントは消えるかもしれない。

朴正熙大統領がクーデターを起こすと、時の最高権力者、張勉《チャンミョン》首相は女子修道院に隠れた。その朴正熙大統領にも、那須・塩原高原に亡命用の土地を用意しているという説が一時、日本で流れた。「宣祖と李承晩」を繰り返す権力者の姿が、人々の国への不信を増幅させてもきたのだ。

在米韓国人女性の屈辱

現代の洋公主《ヤンコンジュ》、韓国人売春婦の数は全米で五万人に及ぶと言われている。その余波について、米国で発行されている米州韓国日報の二〇一五年四月十六日のサイトはこんな記事を掲載した。

「米空港入国審査でひどい屈辱」

ロス、サンフランシスコ、シアトルなど、米国の主要空港での入国審査で、若い韓国人女性旅行者が売春目的の渡米と見られ、すんなり入国できないで二次審査に回されるケースが増えている、とのレポートだ。確か、K－POPアイドルグループが追い返されたこともあった。記事では、L・A空港関係者のコメントを載せている。

「入国審査台で疑わしい若い女性が目につくことは事実」

「風俗店で働くとか、売春にからんだ韓国人女性のケースが増え、外見が目につく若い女性であればあるほど、二次入国審査の可能性が高くなるようだ」

この新聞はその五日前、南米からニューヨークに戻ってきた韓国人女性が空港でいきなり逮捕され、九日間収監されたほか、別の韓国人女性が出勤した会社前で逮捕されるなどの誤認逮捕が続いている、と報じた。韓国人売春組織がらみで指名手配中の容疑者と同姓同名だったことなどが誤認された理由だが、それもこれも韓国人売春シンジケートの蔓延が背景にある。

米国だけでなく、豪州でもカナダでも韓国人売春婦の摘発が相次いでいる。台湾にも中国人目当ての韓国人売春女性が出かけて荒稼ぎをしていた。二〇一五年五月にはマカオで、ご丁寧にも着物姿になって日本人女性になりすまし、中国人客を騙《だま》して売春していた韓国人女性ら六六人が摘発された。

売春婦の海外遠征が盛んなのは、やはり腰の軽い国民性と関係しているのか。事情通に尋ねたことがある。彼は笑いながら教えてくれた。

「韓国では若い子じゃないと、いい客がつかないからです。外国なら、そこそこの年齢でも稼げるでしょ。特に日本では大丈夫です」

東南アジアに駐在していた日本人ビジネスマンがこう言う。

「現地のバーで片言の日本語を話して日本人客を装う韓国人の男もけっこう多い。行儀がよくないから、怪《あや》しまれる。『あっちのお客さん、本当に日本の人?』とホステスに耳元で尋ねられたことがない日本人駐在員のほうがまれじゃないですか」

「反日」が看板の国だけに、同胞のそんな振る舞いに眉《まゆ》をひそめている人は韓国社会でたくさんいるだろう。

韓国では一般的に「公娼制度」は、日本が朝鮮半島に持ち込んだ、といわれている。ただし、儒教に貞操を守れという厳しい戒《いまし》めはあるが、売買春を諫《いさ》める教えのほうはどうなのだろうか。儒教を国教とした李朝時代でも、未亡人が村の片隅で、半ば公然と性を売っていた。韓国仏教の戒律はと言えば、売春の場所に使われていたひとつが、人目につきにくい寺だったとなれば察《さっ》しがつくだろう。

知り合いの老人に、子供のころ、一番嫌だった出来事は何かと聞いたことがある。答えはこうだった。

「家に住まわせていた妾の女をお母さんと呼べ、と父に強要されたことだ」

男女七歳にして席を同じゅうせずと言いながら、平然と妻妾同居がまかり通ったのは、日本も韓国も同じだった。ソウルには、年老いた旦那が死んだ若い妾などを集めて売る市もあったそうだ。そういった時代の出来事を今日の正義で裁こうとするのは、如何《いかが》なものだろうか。

現代の両班《ヤンバン》は財閥

やりたい放題の振る舞いを、現代の韓国で再現している人たちはいるだろうか。財閥企業で働いていた女性ははっきり言った。

「財閥。韓国人の九割はそう思っている」

「優良顧客の情報にしろ、そうした人たちにうける商品開発の情報にしろ、財閥企業だけが正確なところを握っている。中小企業以下は、隙間を攻めざるをえないから、リスクの割に利益が出ない。韓国経済はそういう仕組みだ。財閥だけが勝ち続ける」

李承晩政権以来の「財閥は政権と共にあり」という言葉が、韓国経済の実像であることはいまも変わらないようだ。その財閥の一族の横暴ぶりに人々が怒り、呆れたひとつが、零細パン屋を苦しめた、財閥のお嬢様たちの「ベーカリー戦争」だ。

サムスンの李健熙《イゴンヒ》総帥の長女で新羅《シルラ》ホテル社長の姫が二〇〇四年に高級ベーカリーチェーンを手掛けるやその後、名門百貨店新世界《シンセゲ》グループ総帥の長女、ロッテグループ総帥の孫娘、現代自動車《ヒョンデチャドンチャ》社長の娘と、相次いでベーカリーチェーン戦争に参戦した。あおりで二〇〇三年には全国一万八千軒だった町のパン屋は、二〇一一年には四千軒にまで減った。「小商いにまで手を出す財閥エゴの象徴」との国民的批判の大合唱に、お嬢様たちは撤退を余儀なくされた。

日本社会にも伝わった姫の横暴は、なんといっても韓進《ハンジン》グループ総帥の長女主演「大韓航空機ナッツリターン」事件だ。この事件で、姫だけでなく財閥の御曹司らの行状もフラッシュバックされた。

現代、ロッテ、韓火《ハンファ》グループはそろって、創業者の親族が大麻を吸ったなどで逮捕された前歴持ちだ。大麻で逮捕されたロッテ創業者一族の若者（故人）は、英国留学から帰省すると、こんな騒ぎを起こした。東京でいえば六本木あたりのクラブで仲間と大騒ぎし、知り合った女子大生を現代自動車の大型車「グレンジャー」に乗せて走りまわっている最中に、起亜自動車の小型車「プライド」が割り込んだのに腹を立て、

「プライドが生意気にもグレンジャーの邪魔をするのか」

と、プライドを運転していた二十五歳の会社員ら二人を集団暴行、大怪我《けが》をさせて逃げたのだ。彼は、素知らぬ顔で留学先の英国に戻るために空港に現われたところを逮捕された、と当時の新聞は報じている。

ソウル市庁前のプラザホテルを系列に持つ韓火グループの場合は、御曹司だけでなく、総帥まで呆れた事件を起こした。二〇〇七年、グループ会長、金升淵《キムスンヨン》氏の次男がカラオケ店で喧嘩、怪我をすると、総帥は電気ショック機やガス銃などを手にしたボディーガード、一説では暴力団員もいた十五人を引き連れて店に乗り込み、「俺の息子を殴ったのは誰だ」と、けんか相手を呼び出し、ソウル山中に連れて行き暴行するなど、執拗《しつよう》な「報復暴力」で、懲役一年六カ月の実刑判決を受けた。

しかし、総帥は判決八日後、病気を理由にして大学病院に入院。その後、執行猶予になった。二〇一〇年には総帥の三男がソウル市内のホテルで乱闘騒ぎを起こしたが、怪我をさせた女性従業員と和解して不起訴。そしてまた二〇一四年には先の次男が大麻事件。懲《こ》りない財閥なのだ。

どうして、こうもお行儀が悪いのか。

二〇一六年三月の朝鮮日報は、ロッテ財閥のお坊ちゃまのように相手の車に怒っての暴力沙汰を「報復運転」と命名していた。そのうえで高学歴、高所得の社会的強者ほど、報復犯罪をしがちだ、と指摘している。韓火グループの総帥の「報復暴力」もまた、社会的強者のおごりが生む暴力なのだ。力あるものに謙譲を教えない、この国の儒教文化に武士の美学はない。

武士といえば、韓国の知識人は、よくこう語る。

「朝鮮は文治の国で、軍事力がなかったから、日本に敗けた」

それは、韓国民の共通認識になっている。二〇一五年二月十三日の朝鮮日報サイト(日本語サイトでは同二月二十八日)では、宋熙永《ソンヒヨン》主筆が、コラム「日本のように核を落とされた後に千羽鶴を折っても意味はない」(訳は日本語サイトから)でこう書いていた。

「一八七五年、日本は朝鮮に開放を迫り、軍艦『雲揚号』を江華島に送り込んだ。そのころ両国の経済力にさほど大きな差はなかった。日本の一人当たりGDPは七百三十七ドル(一九九〇年のドル基準)、朝鮮は六百四ドルというレベルだった。経済力の差だけで見れば、恥辱の歴史は生まれなかったはずだ」

「結局、朝鮮が膝を屈したのは日本の軍事力のためだった。日本は英国・米国の先端技術を導入し、新しい軍艦を建造した上、大砲や銃の性能も向上させたのだ。朝鮮のエリートたちが産業革命を『野蛮人らの邪悪なこと』程度にしか考えていなかったのとは、対照的だった」

実際の差異は、ＧＤＰではなく、すでに述べたように財政の質や経済システム、その運営力などにあった。軍事力は、その結果にすぎない。しかも李朝には、国家を予算で運営するという考え方すらなかったようだ。資本主義の萌芽以前のレベルだ。

世界最古の財閥と言われる日本の「住友」は四百年の歴史がある。「三井」は三百年以上だ。サムスンはまだ八十年になるかどうか。韓国ロッテは、ほぼ五十年。韓火《ハンファ》は六十年強。財閥の歴史の長さと実力や実態は違うが、日本では堺《さかい》のような商業都市が生まれ、市民意識が育っていた。身分制であっても、「表は木綿、裏地は絹」のように、外見ではなく中身、目先のカネでなく信用を重視する商道徳が定着した。貨幣経済が発達し、別々の種類の貨幣の交換価値の変動から利益を得る両替や、相場、先物《さきもの》という先端システムが機能していたことは既に簡単に説明した。

その結果、開国後も西欧の経済・社会システムにすぐ適応し、富国強兵を実践できた。経営者が従業員を家族主義で大切に扱い、企業理念を掲げ、そのチーム力を武器にする伝統は戦前戦後も変わらず、膨大な町工場がすそ野を広げ、創業者が手塩にかけて育てたトヨタやパナソニック、ソニー、ホンダなどの企業群が生まれたのだ。在日韓国・朝鮮人の町工場もたくさん生まれた。

一方の韓国財閥の家族主義は、創業者一族の一族による一族のための家族主義だ。大事なのは一族の栄華だ。

漢江《ハンガン》の奇跡は巨大財閥を作り上げたが、実態としては、日本などからの技術輸入という胴体を政府からの「特恵」というエネルギーで打ち上げたロケット経済だったと言える。商い道なき成金国家の姫や御曹司が、空高く舞い上がった事業は自分たちだけのためにあるというふるまいを続けるのは、当然と言えば当然の帰結だ。

韓火グループは、総額三千二十四億ウォン（約三百億円）の背任、横領などで総帥自身が二〇一二年八月に一審で懲役四年の実刑判決を再び受けた。これも二〇一四年二月に、やり直し裁判で懲役三年執行猶予五年に減刑された。

これだけの不祥事、というより犯罪を重ねながら、総帥はなお現役だ。サムスンの総帥、李健熙氏は一九九七年に全斗煥元大統領、盧泰愚元大統領への贈賄で逮捕され、有罪判決を受けたが、赦免。二〇〇八年には別件の脱税容疑で逮捕、有罪判決だったが、翌年、恩赦を受けた。

「有銭無罪、無銭有罪。財閥に鉄槌なし」

まさに現代の両班だ。北朝鮮での両班といえば、誰の目にも明らかだ。一《いっ》に金正恩一族。それに連なる労働党幹部たちだ。中国は、共産党幹部とそこから派生した成金一族。似た者同士の国々と言うべきか。

金泳三大統領はかつて、

「上の水が清くて、初めて下の水も清くなる」

と叫んだが、金泳三大統領の子息も、金大中大統領の子息も賄賂《わいろ》を受け取って捕まった。盧武鉉《ノムヒョン》大統領も退任まもなく、親族の収賄が明らかになった。上の水がそうなら、下の水もそうで、二〇一六年には、雇用労働省の調べで、労働協約で組合員の子供を優先的に採用する「雇用世襲」の取り決めを労組と会社がしているケースが、調べたうちの約四分一を占めた。戦闘的な労働組合や大企業ほどそうだった。

知り合いの説明はこうだった。

「韓国が身内第一の社会だからです。こういう取り決めがあれば、人事部長も自分の息子を入社させられ、平社員も幹部も得をする。で、誰からも文句が出ないわけです」

評論家は、こんなことを言っていた。

「李朝五百年を通じて、市民意識が育つことはなかった。これまでも今も村社会だ」

急激な工業化は、信じられる肉親とわずかな友人たちの力で、自分たちを守るしかないという風潮をむしろ強めたかもしれない。それがいっそう、韓国の対決の風土に拍車をかけている。

寺を買って金を流す

知人の女性が、片田舎の小さな寺を買って、オーナーになった。オーナーだが、住職ではない。何かの縁があったわけでもなく、キャリア・ウーマンをしながら貯めた一億五千万ウォンをはたいて買った。自分はソウルで暮らし、寺には住み込みのお坊さんがいて毎日お祈りをあげていた。

本殿を立て増し、庫裏《くり》を新築、風水に合った池をつくり、購入額と同じぐらいの資金を投入した。どうして寺を買ったのか。

「おカネを流してしまおう」

そう思ったからだそうだ。キャリア・ウーマンと子育ての両立は厳しかった。海外への出張の車窓で、

「いったい、何で自分はこんなに夢中になって働いているのだろう」

との疑問がよぎり、

「みんな一生懸命働いている。でも誰も明日は分からない」

と、異国の風景も沈んで見えるようになり、仏教の教育院で勉強を始めた。

「生きる目的は死にある。どうやれば心静かに死ねるか」

と、考えた時、成り行きに任せるのではなく、自分からカネをなくすことも大事だと気づいた。寺は仏教新聞の売買広告で見つけて買った。

「現実に忠実に生きるのが仏教の教え。お寺を持つようになったのも、何かの縁。安らぎを持っているだけで心が洗われる」

と時おり、子供連れでマイ・テンプルを訪れている。気楽なオーナーでいられるにはわけがある。日本では寺に墓地がつきものだが、韓国では墓があるのは名刹《めいさつ》のみ。それも、埋葬されているのは寺の高僧だけだ。檀家《だんか》もなく、墓も預かっていない。

その代わり、小さな寺の僧は、自分を慕う信者からの寄進頼りで暮らしている。寺は、下宿先のようなものでオーナーとうまくいかなくなれば、信者を連れて別の寺を探す。僧と女性信者の間でよからぬことが起きがちなのは、韓国の僧が妻帯禁止であるからだけでなく、個人的な関係で信者と結びついていることもある。

韓国の仏教界は相当にドロドロしている。韓国仏教の総本山、ソウルの曹渓寺《チヨゲサ》では寺の幹部ポストの選挙を巡って乱闘騒ぎが起きた。それも金で雇われた暴力団が加わっていて、幹部僧の中には愛人三人持ちがいることまで分かった。

日本軍従軍慰安婦のおばあさんたちが暮らすナヌムの家の園長になった僧が、女性職員らと淫《みだ》らな関係になっていたことが明るみになった。二〇一二年には、寺内で酒を飲み、賭博をする光景がテレビニュースで暴露された。財閥の御曹司とさほど変わらぬ乱脈ぶり、と言えそうだ。

売り買いされているのはキリスト教の教会も同様だ。ある牧師が教えてくれた。

「信徒付きの不動産売買のようなものです」

値段は単純に信者の数だけでなく、どれほどの有名人や実力者がいるかで左右される。有名な信者が多ければ、縁故を求める信者が増え、増えれば教会の実入りが天文学的にふくれるから、教会の値段はさらに高くなる。

「同じ教会ということは、韓国では家族同然になること」

これも韓国でよく耳にする言葉だ。教会に行けば手っとり早く、有力者とのコネが作れる。そうした実利あり、が韓国がキリスト教王国になった理由のひとつだ。

日本風に言えば、四畳半の下宿で一人始めた教会が、数万人の大教会になった「シンデレラ教会」話を、ソウルではよく耳にする。李明博大統領が通う教会も、そうしたひとつだった。大統領になって、教会の信者二人を青瓦台《チヨンワデ》の秘書官に抜擢した。公営企業の社長にも、信者仲間を充てた。教会がらみの情実人事と評判を落とした。不祥事だらけの曹渓寺の僧侶がこれに腹を立て、何かの折に、正門前にテントを張り、ドンツクドンツク太鼓を叩いて怒りの祈禱をしていた。

コネで政府高官への道は夢のまた夢の庶民は、もっと切実な願いを教会に託す。職探しだ。セウォル号沈没事件の船の本当のオーナーが怪しげなキリスト教系宗教団体を率いていた。グループの会社は三十社を超え、一族の資産は日本円で五百億円を超えていた。まさに「宗教はカネなり」だが、従業員の多くが、この宗教団体の信者だった。韓国のジャーナリストが教えてくれた。

「この手の宗派は、韓国にはたくさんある。信者を従業員に雇い、安い給料から一割をお布施として寄進させるのが普通だ。それでも、仕事がない人たちは職を得たい一心で信者になる」

寺のオーナーになった主婦は、こう言う。

「韓国社会の拝金主義と表裏一体の財閥の傍若無人ぶりには、韓国人の死生観が影響していると思っている。この世とあの世は別。亡くなればみな、お釈迦様のもとに行って、雲の上でのんびりと寝て暮らしながら生まれ変わりを待つ、なんて思っていないの。現世《げんせ》の栄華や苦しさが、そのままあの世でも続くと感じているわ。それだけ生きるのが厳しい生活が続いたからかもしれないけど。だから、財閥の総帥は生きているうちに後継者に座を譲ろうとせず総帥のまま死ぬことを願って、現代でもサムスンでもロッテでもお家騒動が起きている。力ある人が、もっともっとそれを誇示しようとするのも、栄華をそのままあの世に持っていきたい気持ちがあるからじゃないかしら」

ずっと昔の朝鮮半島では、権力に無縁な人々はみな、もっと貧しく、しいて言えば貧しさだけが平等だった。だからかもしれない、貧しさを恥じることもなかったそうだ。漢江の奇跡が生んだ格差社会は、人々が貧しさを恥じずに生きることを許してはくれない。弱肉強食の韓国社会は、なお続きそうだ。

9 ただの世界遺産の旅が、因縁の孫と娘の死闘になったわけ

パトカー出動が平等の証明

日本は多神教、やおよろずの神の国で、韓国は一神教とよく言われるが、必ずしもそうとはいえない。山の神を祭った祠《ほこら》のある寺もある。道祖神もある。すでに紹介した、不祥事でも有名な曹渓寺《チョゲサ》と奈良の東大寺の一番の違いといえば、合格祈願のお守りを買う修学旅行生の列が切れないのが東大寺なら、曹渓寺にはおみくじ売り場もないことだ。代わりに受験シーズンに限らず、膝元に子供の写真や受験票などを置いたお母さん方の合格祈願の読経《どきよう》が津波のようにいつまでも響いている。

お守りは、ひいきのお坊さんや祈禱師のムダンに直《じか》に頼んで半紙などに書いてもらう。受験生を持つ主婦は、

「印刷だったり、大量生産だったりのお守りにはありがたみがないでしょ。一人ひとり別々に書いてもらうから御利益があるんじゃない」

と言っていた。キリスト教の信者もそこらへんは変わりなく、祈禱師に頼みに行く。お礼が百万ウォン（十万円）も珍しくない。そうした「ゆるさ」が、キリスト教信者の多さにつながってもいる。下宿屋の女主人は、こんなことを言っていた。

「日本のようなおみくじはないけれど、自分で半紙に願いごとを書いて寺の木の枝に結んでおくのが韓国のやり方なのよ」

木の枝に結びつけるところは日本と同じだ。日本のお百度参りのように、本殿を何回もぐるぐるまわりしている善男善女は、というよりおばさんが圧倒的だが、山寺でもよく見かける。

二〇〇二年から始まった毎年十一月の、日本でいうセンター試験にあたる「大学修学能力試験」を二〇一五年には約六十三万人が受けた。政府側の準備はいつも万端だ。試験当日は、バスも地下鉄も臨時ダイヤで増便され、官公庁や会社の始業時間は軒並み午前十時からになる。

大騒ぎしなくても大丈夫なはずだが、当日は日本のテレビでも話題になるほどの騒ぎが毎年繰り返される。遅刻しそうな受験生を白バイで送り、英語のヒアリング試験時間には、空港の飛行機の発着まで停まるドンチャンぶりだ。学歴で人生が決まる韓国社会の反映、と解説されるが、どうしてそんなに大騒ぎしないといけないのか。先のソウルの下宿の女主人は、こう説明してくれた。

「ちょうど、試験開始時間が朝の交通ラッシュとぶつかるでしょ。ソウルのラッシュは、駅に着いても降りようとして降りられないほどのすごさじゃないですか。朝八時十分までに受験場に入れずに、三年間の受験勉強の成果がダメになる生徒が出たら可哀想すぎるでしょ。だからなの」

でも、試験の時間も場所もすでに決まっている話しではないか。遅刻も自己責任のうちだろう。

「これはやっぱり韓国的な情の世界のひとつですか」

と、受験生の親に尋ねると、こんな返事だった。

「親が子供を乗せて車で一緒に行くから、道路の込み方が半端じゃないんだよ。一昔前は、大学の合否まで不正が横行していたけど、いまはあまり聞かない。韓国は人材なしには発展できない国だから、みんなが同じ時間に同じ試験を平等に受けて、進学できる大学がほぼ決まるこの試験制度は不正なしでいいじゃないかと、国民は支持している。それで警察もパトカーを出してサービスしているんだよ。試験が終われば、家族そろって食事に行く」

日本では、親が試験場に付き添うのはせいぜい、中学受験ぐらいまでだろう。この人が言うには、飛行機を発着禁止にして空から騒音をシャットアウトするのも、「みんなが、妨害なしに平等に試験を受けた」と、国民を納得させるための大事な韓国的手続きなのだ。

ちなみに、「韓国の高校生は弁当を二つ持っていく」と昔から言われた。それが、二〇一四年から一つしか持って行かなくなった。放課後にやっていた補習授業が、公教育の歪《ゆが》みを正すとの名目で禁止になったからだ。で、二つ目の弁当は必要がなくなった。廃止になってもちろん、予備校に通う生徒が増え、家計の中で教育費の支出額が昨年はもっと増えた。どっちが平等だったのか。

受験生ではないが、韓国の誇る巨大製鉄所、ポスコ（旧浦項総合製鉄）の一角に、社会見学の小学生が立ち寄る野外展示場がある。そこの古びた小さな高炉に「韓国近代化遺産」のプレートが張ってある。韓国文化財庁のホームページによると、溶鉱炉が登録されたのは二〇〇五年十一月十日だ。登録番号は二一七号。最後の相場師と言われた是川銀蔵《これかわぎんぞう》氏（一八九七年〜一九九二年）が、戦時下の一九四三年四月に朝鮮半島東部の江原道三陟《カンウォンドサムチョク》（現・東海市）で創業した、是川製鉄所の高炉のひとつだった。そういう意味では、韓国メディアお得意の口癖を借りれば、「なげかわしい、恥ずべき日帝の遺産」だ。

高さ二十五メートル、直径三メートル、鉄板の厚さ十五ミリ、重量三十トン。隣接する三和《サムファ》鉄山と襄陽《ヤンヤン》鉄山から採掘した鉄鉱石を溶《と》かして鉄を造る、最新式高炉だった。韓国の新聞記事では、この高炉が韓国近代化遺産になった理由をこう説明している。

「日帝敗亡期に軍備拡張目的で造られたが、国内最初の近代式溶鉱炉という点で意味がある」

ホームページでは、日本の敗戦後も製鉄所は名称を三和《サムファ》製鉄所と変え、たびたび補修工事を加えられながら一九七一年まで稼働したとある。朝鮮戦争の時には主要な軍需工場として働き、灰燼《かいじん》からの再建にも貢献し続けたに違いない。高炉のそばに韓国語と英語の案内板があった。韓国語と英語では少し説明が違った。

※韓国語案内　この史料は一九七三年に閉鎖された三和製鉄所（江原道三陟所在）の八高炉中、最後の高炉で、規模は一日生産能力二十トンにすぎないが、現存する高炉の中で最も古いものだ。ポスコでは、この三和製鉄所高炉が近代製鉄工業発展史、また製鉄技術を伝える資料として、歴史的価値が大変大きいと判断、一九九三年入手して保管し、二〇〇三年四月、ここに展示した。

※英語案内　一九七三年に閉鎖された三和製鉄所の八高炉のうち、最も新しいもので、一九四三年に建造。韓国に現存する高炉の中で最も古く、一九九三年、ポスコが入手した。二〇世紀中盤の韓国製鉄産業の発展の記念碑、また製鉄技術の資料として展示している。

是川氏の名前の完全な無視はご愛嬌として、英文案内では一九四三年製造と書いて、新聞同様に日本支配下の時代に造られたと明らかにしている。一方、見学に来た子どもたちも読む韓国語案内では、そこを「現存する高炉の中で最も古い」とぼかしている。

製鉄所が閉鎖された年だけでは、子どもは「恥ずべき日帝の遺産」とは気づかないに違いない。日本の支配時代に関わる部分は、兎《と》にも角《かく》にも「触らぬ神にたたりなしが一番」という、担当者の防衛本能がよく分かるところだ。試験を平等第一平等第一といくら仰々《ぎょうぎょう》しくやっても、あまりにも窮屈な教育では人材は育たないのではないか。日本の教育が他山《たざん》の石にするところだろう。

招き猫と朝鮮人陶工

中部の大邱《テグ》市は韓国で三番目に大きい都市だ。二〇一五年四月、公共交通として韓国初の、スマートな車体の有料無人モノレールが開通した。民家などの付近を通りぬける時には、窓のガラスが自然と曇り、外が覗けなくなり、住民のプライバシーが守れるという優《すぐ》れものだ。どうだ、すごいだろうとばかりに、韓国のメディアはそこらを書きたてて自慢していたが、車両を開発したのは日本のメーカーだ。読んだ限りでは、そこはやはり、見事にスルーされていた。こちらまで少し切ない気分になる。

その大邱郊外に、豊臣秀吉の朝鮮侵攻軍の一員だったが、李朝側に投降し、その後は李朝軍の武将として秀吉軍と闘ったと伝わる戦国武将「沙也可《さやか》」の子孫が暮らす村がある。達城郡友鹿里《タルソングンウロクリ》の村だ。二〇一二年にはたいそう立派な記念館ができた。大邱の地下鉄に乗って、中心部から少し離れたバス停に行き、そこからローカルバスで、揺られ揺られて一時間強。その記念館を見に行くと、入り口前に身の丈《たけ》ほどはある巨大な招き猫が鎮座していて、びっくりした。そんなに大きい縁起物の招き猫を韓国で見たのは、初めてだった。

だいたい、猫が韓国社会でペットの市民権を得たのはつい最近、少なくとも二一世紀になってからだ。このごろソウルの裏街で捨てられた元ペットの猫を見かけもするが、韓国では昔から猫といえば、飼い主を騙し、仲間を裏切って、自分だけがいい思いをする、不忠者の代名詞だった。その「沙也可記念館（達城韓日友好館）」の玄関に堂々、猫を飾っているのはつまり、日本からすれば、沙也可は豊臣軍を裏切った不忠者でもあるわけだから、正鵠《せいこく》を射《い》ているともいえる。で、「どうして猫を飾っているの」と記念館の受付のおじさんに問いかけると、さらりと言われた。

「日本の千客万来の意味にあやかったのですよ」

広い館内で入場者は私だけだった。

週刊朝日連載の司馬遼太郎「街道をゆく　2」にも「沙也可」は登場している。この記念館の説明文などでは、「沙也可」は秀吉軍の武将として一五九二年四月に釜山《プサン》に上陸して一週間後には、朝鮮が、

「礼節と謙譲の気風溢れ、衣冠文物も整っている」

と知り、投降したそうだ。秀吉軍と戦い、火縄銃を伝授し、朝鮮王から姓をもらい金忠善《キムチユンソン》と名を変え、例の丙子胡乱で戦って手柄を立て、七十二歳でこの地で亡くなったと伝えられている。子孫がこの地を中心に全国で六百人以上いるそうで、その人たちが祖先の祭祀に集まった様子を韓国のテレビ番組で見たことがある。

本当のところ、この武将は誰だったのか。記念館では、和歌山の鉄砲傭兵集団、雑《さい》賀《か》衆の武人としているが、出所は司馬遼太郎の著作で「さいか」の読みが同じことが根拠だ。明治から大正の日本では、信用に足る文献もないとし、「沙也可」は存在がほとんど否定されていた。存在の可能性を認めている学者でも、こんな具合だ。

「我が軍中の卑賤なる雑卒が捕虜となり、命乞いをしたとか、倭寇の朝鮮人との混血

児か偽日本人が自分の血筋を立派に言うために作りあげた話だ」

別の学者はこう断じている。

「沙也可の如き売国奴の同胞がいたようなことを信じる奴がいるのは、とんでもないことだ」

日本の植民地となった地にその昔、投降した奴め、と怒る雰囲気が滲《にじ》み出ている。支配者というものはいつもそうした偏狭《へんきょう》さから無縁にはなれないのだろう。生きて虜《りょ》囚《しゅう》の辱《はずかし》めを受けずの帝国陸軍の精神は、こんなところでも発揮されていたわけだ。

戦後の研究では、投降した秀吉軍の軍兵は沙也可一人でなく数千人もいたことは間違いないが、逆に朝鮮側からも秀吉軍に従い、鎧《よろい》を身に着け、戦闘で先陣を切る人たちもたくさん現われたそうだ。長期化した戦場はそうした様相だったのであり、秀吉軍は退却の時、帰順し、共に戦った朝鮮兵を同胞のむごい報復から守るために日本へ連れてきた。もちろん、たくさんの捕虜も。陶工も儒学者も。

室町時代から江戸時代まで続いた朝鮮通信使だが、当初の李朝側の名分は、日本に連れ去られた儒学者や陶工、捕虜らを朝鮮に連れ戻すため、だった。呼びかけで、朝鮮社会のエリートである多くの儒学者は帰国したが、陶工ら、ほとんどの職人は帰るのをためらった。

朝鮮の陶磁器には、ふつう作者の銘《めい》が刻まれていない。李朝の世で工人は、モノをただ作る奴婢《ぬひ》にすぎなかった。名を世に残すこともなく、鞭で打たれることはあっても、連れてこられた日本でのように素晴らしい作品の作者として褒《ほ》められ、崇《あが》められ、一門を構え、磨いた技術によって尊敬を受けながら世を送るような生活とは、無縁であった。望郷の思いは当然あったろうが、自分たちを大事にせず、辛い思いだけだった古里では、戻るのを躊躇するのは仕方のないことだったろう。それに先に戻った一群が、どんな目に会ったかも、すぐに伝わった。

ここらを韓国の教科書ではどう書かれているか。

「連れ去られた陶工が日本に優れた技術を教えた」

という、いつもの「昔の朝鮮は優れた国で、日本にものを教えてやった」程度しか記述していない。しかし、通信使の帰国の呼びかけを無視して日本に留まった陶工たちが、日本の陶磁器の歴史を築き、西欧社会へメイド・イン・ジャパンの素晴らしさを広げる礎《いしずえ》となったことは、本当の話だ。韓国の知識人の一人は、韓国の教科書に玄界灘を越えて祖国に戻ろうとしなかった理由が書かれていなくても、それは、「どの国でも教科書は自分の国がいかに誇るに足るかを学ばせるために編集するものでしょ。都合の悪いことは書かないのが自然の話」

と淡々と語る。その通りだ。お互いがそういうものだと割り切ることは、世人の知恵のひとつなのだ。「国や民族を超えた教科書」と言うと聞こえがいいが、そうした教科書を作り子どもに教えるのは、いつも征服者だ。ソ連邦でもそうだった。日本支配下の朝鮮でも。中国のウイグル族やチベット族、少数民族の人たちに使わせている教科書を機会があれば見てみたいものだ。日本と韓国の共通教科書などを作ろうとしてつばぜり合いをするより、お互いが自分たちとは違う歴史認識を認め合う方が大事だ。それがどうしてそうはならないのか。

日本でいえば、日韓関係を手段にして日本の社会や将来を自分たちが望む方向へと持っていきたい勢力が、革新派にも保守派にもたくさんいることも一因だろう。韓国内にもそうした政治勢力がいる。「愛国」を名分にして、教えない大切な事実や事実に反したことがあまりにも多い「二重構造の教育」が、国とその未来を背負う子供たちにとって望ましいことかどうか。それは、その国の社会がよく考えることだ。

韓国版プロジェクトXの成否

日本と韓国が一緒に朝鮮通信史を世界遺産に登録申請しようかとの動きが高まっているが、世界遺産といえば、二〇一五年に日本が旧官営八幡製作所（現・新日鉄住金八幡製鉄所＝北九州市）や通称「軍艦島」の端島《はしま》炭坑（長崎市）などをユネスコ世界産業遺産に登録申請したことで、日韓が大騒ぎになったのはまだ生々しい。ご存知の通り韓国が、ユネスコの世界遺産委員会での審査を前に、「戦争中に朝鮮人が強制労働させられたところだ。とんでもない」などと、妨害外交を展開した。ソウル特派員時代の友人である経済記者ＯＢが、こう言った。

「世界遺産で日本にイチャモンをつけるより、韓国の企業人にはＮＨＫの『プロジェクトＸ』のような番組を韓国のテレビで放送できるように早くなりなさい、そしたら韓国の産業も本物になったといえる、と私はかねがね話しています」

近代産業らしいものがなかった地に併合以来、日本の工場や新技術が運ばれた。その一つが、すでに紹介した韓国のポスコ展示場の高炉だ。韓国は朝鮮戦争の廃墟から名目ＧＤＰ世界十一位（二〇一五年、国際通貨基金統計）の押しも押されもせぬ近代工業国家に成長した。その韓国でなぜ、韓国版「プロジェクトＸ」が制作できないのか。彼は詳しい話をした。

「韓国財閥の雄、サムスンや現代の隆盛は日本なしにはありえませんでした。サムスンの電化製品はサンヨー、ＮＥＣ、携帯電話はソニーＯＢら、半導体は東芝あってこそ、でした。現代自動車が一九七五年から製造を開始した韓国国産第一号車『ポニー』のエンジンは三菱自動車製。いまでも、現代自動車が寒冷地向け仕様の車に使っている溶雪剤に耐える表面処理鋼板は、日本に頼っています。韓国産業の元を辿るとみな、憎き日本に辿り着くのは公然の話です。しかし、あまり明らかにはしたくない。で、産業史を生々しく伝える『プロジェクトＸ』のような番組はできない。そこを踏み越えないと技術や産業全体は前に進めないのですが……」

ポスコ開業では、頼みにした米産業界の協力を得られず、困り切っていた朴正煕政権を救ったのが、世界遺産申請問題で韓国がイチャモンをつけた官営八幡製鉄所の後身である新日鉄を中心にした日本の製鉄メーカーだった。全面的に技術とノウハウを提供したのは、日本ではみんな知っている。技術と産業の力で生きていける国に変えるために、日本の産業界がどれほど貢献したか。

そういえば二〇一六年四月の韓国紙は、韓国の有名女優の一人が、三菱自動車の中国向けコマーシャルのモデルになることを断わった、と報じていた。三菱自動車は、燃費ごまかしなどでメーカーとしてのモラルを問われる企業になり下がったが、彼女が断わった理由は、「三菱自動車は戦犯企業だから」だった。だったら、その三菱自動車の支援を受けて独《ひと》り立ちした現代自動車は、戦犯企業の「息子」ではないか。

世界遺産問題で日韓大騒ぎの最中、たまたま電話した知人の公務員は、こう言い切った。

「あれは政治家が騒いでいるだけのことで、私らには関係ない話」

会社勤めの女性には、軽く受け流された。

「そんなことを騒いでいる記事があったことを、この電話で思い出したわ。それぐらいの話よ」

韓国のごく普通の人たちの多くが、日韓激突のたびに、それは政治家や一部の人たちがしていること、と突き放すのは毎度のことだが、そうした常識的な反応もまた、「反日の情緒」の壁を越えて日本に伝わることはない。韓国民全部がブチ切れているかのように見えて、

「またイチャモンか。韓国の国民性はとんでもない」

と檄怒することが、日韓の間で繰り返されてきた。

反日女史出世譚

この騒ぎが一段落した後、韓国の政界事情通に会いに行くと彼は頭を抱えていた。

「日韓国交正常化五十年の今年の早い時期に、朴槿恵大統領と安倍晋三首相との首脳会談を実現させたいのがこちらの気持ちです。両方の外相の間では、世界遺産申請問題では、強制労働の解釈も双方が玉虫色にしておくことでうまくやろうと決めていました。それが、あんな騒ぎになって、首脳会談の時期にまで影響が出てしまった」

現場が「明治期遺産粉砕！　行くぞぉ」と独走し、抑《おさ》えが効《き》かなかった、というのだ。そうなったのは、朴槿恵大統領自身の身から出た錆《さび》だ。有体《ありてい》に言うと、反日で得点を挙げた側近を出世させた人事の報いだ。

代表例が趙允旋《チョユンソン》女性家族部長官の出世ストーリーだ。彼女は一九六六年生まれ。ソウル大を卒業した才色兼備の弁護士だ。二〇〇二年の大統領選挙で与党ハンナラ党選挙対策本部のスポークスマンに就任。二〇〇八年の国会議員選挙に同党比例代表候補で出馬、当選。その次の選挙では朴槿恵派排除の党内内紛も絡んで党公認を得られなかったが、ハンナラ党からセヌリ党と党名を変え、再出発した新党のスポークスマンとなり、二〇一二年大統領選挙でも朴槿恵陣営スポークスマンを務め、政権発足とともに女性家族部長官に就任した。

就任するや、慰安婦問題で国際社会による日本包囲網づくりを主導した。二〇一一年十月の国連総会第三委員会に女性家族部長官としては初めて乗り込み、

「反人道的な犯罪だ。慰安婦の傷を癒《いや》すには、責任を負う政府が心から謝罪し、必要な行動を取り、慰安婦に関するゆがめられた認識を正さなければならない」

と日本がもう何度も繰り返してきた謝罪をまた要求し、翌月にはソウルで大規模な展示会を開いた。二〇一四年一月にはフランスで開かれた世界最大級の漫画フェスティバル「アングレーム漫画祭」で、旧日本軍の兵士が朝鮮半島の少女を拉致したり乱暴したりするといった内容の漫画を並べた慰安婦企画展を実施して、世界に日本の「非道」を広めた。この功績を認められてか、その年六月に女性としては初の青瓦台の政務首席秘書官のポストを射止めた。韓国政府の一人が述懐する。

「この人事で、大した仕事をしなくても反日でうまく目立てば、この政権では出世できるという気分が、官僚の間にも広がりました」

だからだろう、世界遺産問題で韓国政府代表団が強硬姿勢を崩さず、世界遺産委員会が紛糾した。反日点数稼ぎ競争の影響は深刻だった。余計な喧嘩がなければ、正常化五十年だった八月十五日の両首脳の表情は違っていただろう。首脳会談は秋早くにも実現し、韓国政府は慰安婦のおばあさんたちの心に耳を傾ける時間も生まれたはずだ。

若いときは送電塔を作っていた知人が、世界でも珍しい、この親・娘の大統領にまつわる因縁話を教えてくれた。

「父、朴正熙は五月十六日のクーデターで政権を奪い取り、娘の朴槿恵は五一・六%の得票率で当選した。
朴正熙は十八年間執権し、朴槿恵は父のクーデターから、五十一年六カ月後の二〇一二年一二月に第十八代大統領に当選した。
朴正熙は六十一歳でテロに倒れ、朴槿恵は六十一歳で大統領になった」

朴槿恵候補の対立候補は、野党、統合民主党の文在寅氏と、若者に人気がある五十歳代の大学教授でＩＴ企業の経営者、安哲秀氏だった。選挙直前に文在寅氏に一本化され、支持率の差は一%前後まで接近した。僅差の勝利だった。

朴槿恵候補に投票した主婦は、沈黙の支持者の勝利だと教えてくれた。

「金大中、盧武鉉左派政権十年の後遺症が韓国にはまだたくさん残っている。学校の先生が子どもに『北朝鮮の住民は、ジャガイモやトウモロコシのように体にいいものだけを食べているのよ』と、食糧不足をごまかして教えているのも一例。選挙の翌日には授業中に、『お父さん、お母さんが、赤（朴陣営のシンボルカラー）に投票した子は手を挙げて。じゃ、緑（文陣営のシンボルカラー）の子は』って調べたりした。こんな有様では韓国が社会主義者に乗っ取られてしまうと、朴槿恵大統領をなんとか勝たせるために、世論調査の電話には支持を隠して、一票を投じた人がたくさんいた。それで、文在寅陣営が読んだような結果にはならなかった」

五・一六軍事クーデター当時、父、朴正熙少将とともに暮らしていたソウル市内の居宅を見にいくと、一角に彼女の少女時代の文房具などが展示されていた。父が築いた成果への国民的郷愁が彼女を大統領に押し上げた。そうした草の根支持者たちに、父の足跡を踏まえた日韓の歩みの大切さを率直に訴え、和解へ進む道も、朴槿恵大統領の前にはあった。しかし、大統領の選択は違った。

野副伸一《のぞえしんいち》亜細亜大学元教授は、こう指摘している。

「(政権の当初からの反日の姿勢は)与野党で支持率が拮抗《きっこう》している状況下では、世論の風向きを鋭意把握し、それに対応していく朴槿恵大統領のポピュリスト的政治家の性向がもたらされた」

朴槿恵大統領は大統領選挙前までは、父親が政権を奪取した軍事クーデターを「やむを得ない選択だ」と主張していた。しかし、選挙戦では、従北派系候補(その後辞

退）に執拗に追及され、

「憲法の価値を損《そこ》ね、政治的発展を遅らせた。被害者や家族に心からおわびする」と語るまで、追い込まれた。自らにも祖国にとっても父が英雄であることを矜持《きょうじ》にして生きてきた娘、朴槿恵大統領は、さらに父が「親日派だ」と中傷されるのは耐えられないことだったろう。僅差の勝利が、反日情緒に掉《さお》さす余裕を与えなかった。

朴槿恵大統領の与党セヌリ党は二〇一六年春の総選挙で大敗した。韓国メディアは「傲慢な大統領に国民がそっぽを向いたから」と評したが、一番傲慢な顔を見せたのは誰に対してだったか。日本に、だった。

父を追い続けている彼女がもたらした韓国の「侮日」、日本の「蔑韓」。ほくそ笑んでいるのは誰だろう。

10

対日協力者から反日聖女へ。告げ口外交と夫婦げんか道

ナチスと日本

旧日本軍慰安婦問題での二〇一五年末の日韓合意もいずれまた足蹴《あしげ》にされるだけだ、それでは新しい未来もないだろうという日本の国民感情が、合意後の様々な世論調査で浮き彫りになった。韓国世論は合意そのものを否定し、両国の溝がいかに深く、国民レベルでの和解は遠いことを実感させた。

解放七十年を祝った同年夏のソウルはどんな表情だったか。旧知の地方大学の教授に会った。彼は十年以上、東京で暮らした。これからの日韓関係の見通しに話題が及ぶと、

「ドイツとは違うから」と彼が話した。韓国では良く耳にする見方だ。

「日本とドイツは、どこがどう違うのか」と聞き返すと、親しい仲だからだろうが、

「日本人は、ひどい。ナチスのドイツ人よりひどい。あんたを含めて日本人はそういう人たちだ」

と、いきり立ち、

「植民地にして私たちを苦しめたのに、心から謝罪しない。ドイツ人は跪《ひざまず》いて謝罪

している」と強調した。

「ドイツが跪いたのはジェノサイドやホロコーストに、だ。戦争や侵略、植民地支配に対してではない。現にギリシャが戦争の賠償を請求するといったら、一喝して応じなかったではないか。日本は、すでに謝罪し賠償をさまざまな形でしている」

そう言い返すと、こう決めつけられた。

「そんなことは加害者の言い分だ。日本人は文化的にレベルが低い」

ナチスによるユダヤ人へのジェノサイドは人類への許しがたき犯罪であるというのは、世界共通の認識だ。徹底した謝罪で欧米のユダヤ人社会の許しを受けることなしに、西ドイツ復活はなく、経済復興もなく、統一ドイツはありえなかった。謝罪で跪く後ろ姿には、悪業のすべては一時期、ドイツを「占領」したナチズムの仕業で、戦後ドイツは無関係だという「主張」も込められているように思えるが、日本に比べてドイツの態度は立派だ、素晴らしいとの礼賛一方が韓国ではほとんどだ。

日本にはナチズムやジェノサイドはなく、ユダヤ人をナチスドイツから守るために「命のビザ」を与えた外交官、杉原千畝《すぎはらちうね》氏がいた。同じ敗戦国であっても、ドイツとは決定的に違った日本を認めたくない韓国社会全体の意識に、戦後七十年を経た日本社会の大半は絶望に近い感情を抱いている。

当時、ナチズムはドイツだけでなく、英仏などにも広がっていた。日本が広げたのは「大東亜共栄圏」の幻想で、それはおかしな理屈ではあったかもしれないが、アジアの人々の間で一定の共感を得ていた面もあった。

「日本がドイツのようにすれば、韓国人はそれでおしまいにするのに……。日本人は個人がないから、謝罪もできない」

そう、彼は断言した。

「ドイツの首相がパリで跪いた写真があるのか。ロンドンで許しを請《こ》うたか」

と尋ねて、この話題はお開きにしたが、「日本否定」は、韓国人がストレス解消するのに絶好のサンドバッグなのだと、改めて痛感した。ひと昔前、韓国人の女性経営者が、日本と韓国の人付き合いの作法の違いを口にしていた。

「韓国人は、殴り合っても、いつの間《ま》にかまたけろりとして仲直りする。日本人は、一度相手を見限ったら、二度と付き合わない。そこを韓国人は分かっていない」

正常化五十年といっても、そのほぼ半分の歳月にわたって、韓国は旧日本軍慰安婦問題をきっかけに、国際社会で日本を執拗といえるほど貶《おとし》めようとしてきた。日本がうんざりするのは、当然だろう。

日本大使館前は大荒れだった。韓国の反日団体が、慰安婦像を中心に集まって、「安倍妄言を許すな」と叫んで、安倍晋三首相を模《も》した人形を焼こうとしたり、顔写真を張ったプラカードを燃やしたりして暴れまくった。騒ぎが終わると、この団体のアルミの荷台の両脇がガバッと上に向かって開く、大きなトラックがやって来て、プラカードなどをしまい始めた。大使館前にたかだか百人強程度を集めるぐらいの団体が、こんな高価なトラックを買えるのだ。その財力からして、ただの市民団体であろうはずがない。

翌日に会った日韓関係にかかわる韓国政界の一人は、

「（光復節の）演説で朴槿恵大統領は、安倍談話を遺憾と言わなかった。そこを見てほしい。年内に安倍首相との首脳会談を実現しようとのシグナルです」

と、その後の見通しに楽観的で、融和への道筋がもうできていると言いたげだった。彼は、こうも言った。

「おばあさんたちの経済的な問題は、すでに韓国側で解決している」

日本の支援団体が旧日本軍元慰安婦たちを日本の集会に盛んに呼んでいた一九九〇年代初めは、韓国には公的な生活支援はないも同然だった。現在でも韓国の高齢者で年金を受けている人は二二%しかおらず、大多数の支給額は月二十五万ウォン（約二万五千円）未満だが、いま、おばあさんたちが受け取る政府の生活支援金は月百四万三千ウォン（十万四千円）になる。このほか、一時金で四千三百万ウォン（四百三十万円）が渡された。年千二百五十万ウォン（百二十五万円）を超える医療支援のほかに、地方自治体からの支援金などもある。

経済協力開発機構（ＯＥＣＤ）の調査では、韓国の高齢者層の相対的貧困率は二〇一二年で四九・六%。ＯＥＣＤ平均の四倍で加盟国中一位。人口十万人当たりの高齢者の自殺率も世界一位（ＷＨＯ二〇一〇年統計）。日本の五倍弱だ。そのなかで、旧日本軍元慰安婦のおばあさんが、奨学金や紛争地の子どものために日本円にして五百万円、一千万円の多額の寄付をできる暮らしぶりなのだ。そういえば、日本大使館前での水曜集会で見かけるおばあさんの色つやはとてもいい。服もバリッとしたものだ。おばあさんたちの環境は、河野談話のころとはまったく違っている。

恫喝《どうかつ》の収支決算は

それはともかく、知人の大学教授は、「日本人は、あのおばあさんたちは売春婦だったと言っている。けしからぁん」と、怒っていた。私は、売春婦より「性奴隷」のほうがもっとひどい言い方と思う。「性奴隷」は、挺対協と手を結び、旧日本軍慰安婦問題を国際問題にしようと意図した日本の活動家弁護士たちが言い出したそうだ。

クリントン米前国務長官（当時）らが、おばあさんたちを「性奴隷」と規定すると、韓国マスコミは、そうだ、そうだと言わんばかりに、「性奴隷」という言葉を躍《おど》らせた。そこまで、朝鮮半島の女性を侮辱する言葉が発せられたことが、李朝時代を含めてこれまでにあっただろうか。自分たちの民族の女性が公然と「性奴隷」と貶《おとし》められたことに、悔しさを感じないのがむしろ、不可解だ。

韓国内の運動にどんなに反発を感じても、日本の論客が旧日本軍慰安婦だったおばあさんたちを、「売春婦だ」とさげすんでは溜飲を下げるのも、どうかと思う。さまざまな事情はあったろうが、大日本帝国の勝利のために、戦地に赴《おもむ》いた女性だ。敗れたとはいえ、日本の勝利のために身を投げた人々を大切に思ってこそ、平和主義国家、新生日本の背骨は守られる。これは戦争を賛美するとか否定するとかの問題ではない。彼女たちを貶めて、何を得られるというのか。

日本が用意したアジア女性基金からの償《つぐな》い金など五百万円を受けとろうとしたおばあさんを、挺対協の幹部たちが、

「受け取ったらただの売春婦だ」

と罵倒し、断念させようとした話はよく知られている。そうした振る舞いの市民運動の本質には、すでに何回か指摘した、反日を名分にする現代の「両班の傲慢」が潜んでいるように私には見える。夫が手を付け「性奴隷」にした奴婢を痛めつけたのは、両班の妻だった。李朝では、そうした振る舞いに市井の民は涙すら流せなかった。

韓国政府が掌握した元慰安婦二百三十六人のうち、挺対協の「恫喝」にかかわらず償い金を受け取ったのは六十一人だった。説得に応じなかったおばあさんの中には、

挺対協に名前を公表された人もいた。どこが人権団体なのか。

情けないのは、この基金に携わった日本の「良心派」の人たちだ。なぜ、すぐさまソウルに飛んで行って、挺対協の幹部に向かって、

「何がただの売春婦だ。ふざけたことを言うな」

と、怒らなかったのか。おばあさんたちのためにひと肌脱ぐとは、そうすることではなかったのか。ちょっとだらしないな、と思う。

朝鮮半島出身の日本軍兵士や軍属は約二十四万人（厚生省統計）。この日本軍の一員として戦った男たちも、同胞の女性たちとともに戦場にいた。傲慢な「両班の女」たちではなく、殺すか殺されるかの戦場にいた彼らが慰安所にいる同胞女性にどのようなまなざしを向けていたか、を詳しく知りたいものだと思っていた。この問題に火が付いた一九九〇年代初め、韓国のお年寄りに戦場の慰安婦の実像を尋ね回った。印象的だったのは日本軍の元将校だった人が話してくれた言葉だ。

「敗戦後の南方戦線から釜山港への引揚船の甲板にテントを張って、彼女たちは商売をしていました。その根性に圧倒されました」

どんな悲しみの中でも人は生きていくことができるが、逞《たくま》しくなければ、人は生き抜くことはできない。

二〇一六年六月十日の毎日新聞は、米国立公文書館で太平洋戦争終期に捕まった朝鮮人捕虜への尋問記録が発見されたと報じた。旧日本軍の朝鮮人慰安婦については、「志願したか、親に売られたものだった」と答え、日本軍が「女狩り」のような手段で集めたならば、

「老若を問わず朝鮮人は蜂起するだろう」

と述べている。私が年寄りに尋ね回ったときに聞いた、

「無理やり娘を日本人がさらったりしたら、暴動が起きましたよ」

という返事と同じだった。実態はやはりそこいらだろう。

朴槿恵政権が、昨年の光復節前から旧日本軍慰安婦問題で日本との落としどころを探りはじめた大きな理由のひとつは、この問題が韓国の中国接近と重なって、それまで好意的だった米国の韓国嫌悪を呼びかねない状況にまでなっていたからだ。

もう一つは、頼りの綱の中国経済の悪化だ。韓国の輸出の二五％を占める中国経済の減速で、当初三・八％を目論んだ韓国の成長率は韓国銀行の発表でさらに二・六％にまで下がった。日本からの直接投資は韓国産業通商資源部のデータでは二〇一二年の四十五億五千万ドルが、二〇一五年には十六億五千万ドルに減った。再びのＩＭＦ危機、リーマンショックを避けるには、できるだけ早く、日本との良好な経済関係を回復せざるをえなくなった。日本との通貨スワップ協定を再開したい思惑も、朴槿恵政権の対日軟化戦術からは窺える。

合意反対派はパーフォーマンスに一層《いっそう》磨きをかけている。二〇一六年の独立記念日に釜山のオリニ（子ども）公園に新たに慰安婦像を立てた。遊園地に立てたのは、「日本の残虐」と子どもを重なり合わせ、反日情緒をより刺激するためだ。しかし、政権側は挺対協らを圧倒するパーフォーマンスもスローガンも打ち出せなかった。韓国政府は同年七月に、慰安婦像撤去の目途も立たないまま、合意に基づく慰安婦支援「和解・癒やし財団」を設立した。挺対協などは対抗して独自の財団を設立した。韓国政府筋は日本側に、「こうした動きを抑えるためにも早く十億円の供出を」と盛んにせかしているが、十億円も日本国民の税金であることに変わりはない。在韓原爆被害者への四十億円供出、サハリン残留韓国人問題でも七十億円以上、さらにアジア平和女性基金……。もう国民はげんなり来ている。一方で、韓国の民間団体の理不尽な要求が、十億円で止むはずもない。さらに運動を拡大させる、いい口実を与えるだけだ。

もっとも、こんな収支計算がある。韓国文化観光研究院などの二〇一四年調査によると、二〇一四年に日本人観光客一人が韓国で落とすカネは九百九十九・一ドルだった。昨年の訪韓日本人客は二〇一二年のピーク時から百七十二万人減少した。それだけで、韓国はざっと十七億二千万ドルを損した訳だ。一ドル一〇五円で計算すれば、ほぼ千八百四億四千万円になる。この三年間で、日本人客は三百七十三万人減った。減収の総額は四千億円になる。もちろん、国際社会で貶められた日本の名誉は、そんな計算ではすまない。

神に変わるナルシズム

そういえば、挺体協が水曜日に日本大使館前で開く、恒例の旧日本軍慰安婦問題糾弾集会に行くと、必ずといっていいほど、小（初等）学校高学年の子供たちが集会に「動員」され、元慰安婦像やおばあさんを囲むように座っている。ある時、日本の関西から来た支援グループの女性が、この子らの前で、こうした運動家特有の半分哭《な》いているかのようなゆっくりした語り口でマイクを握っていた。

聞いていた子どもたちの一人は下を向いたまま、時おり「ズウット」「ワタシタチー」と、日本の女性の喋りを小声で真似していた。完全に小馬鹿にしていた。そんな風にされるのは仕方ないだろうと思った。日本の女性は、

「私たちは、あなた方のおばあさんを性奴隷にしました。その事実を認めない日本を許しません。歴史の捏造を許しません」

と続けた。そんな言い方で子供を焚きつければ、

「じゃ、おばちゃんは罪滅ぼしに俺たちの性奴隷になるんだな」

と、返す気持ちが子供たちに芽生《めば》えても、やむを得ないではないか。憎しみを焚き

つけるとは、そういうことだ。

先に述べた「証言」や毎日新聞の報道を待つまでもなく、いくら植民地であっても軍隊を動員しての女狩りなどできないことは、駐日米軍兵士の振る舞いや沖縄の米軍のとんでもない犯罪が起こるたびに、どれほど国民が怒り、反米デモに発展したか。マイクを握っていた女性は十分すぎるほど知っているだろう。歴史の捏造をしているのは誰なのか。それでも平然とソウルで子供たちを前にしてマイクを握っているのは、どういう目的のためなのだろうか。

韓国内では、旧日本軍元慰安婦の証言をもとに構成されたという映画『鬼郷』が二月下旬に公開され、わずか一週間で百二十五万人を集めた。米国でも上映され、日本でも少し上映されたが、私は公開場所が分からず見られなかった。ストーリーについて、ハンギョレ新聞の二〇一六年二月四日のサイト（日本語版は翌日）にはこう書かれていた。

「（旧日本軍元慰安婦の）姜日出《カンイルチュル》さん（89）の体験をもとに製作された。後退する日本の軍隊が、足手まといになる慰安婦たちを山の中に連れ込み、穴に追い込んで殺し、死骸を燃やした。姜日出さんは、穴で死ぬ直前に独立軍に救出されて生き残った」

映画にはそうしたシーンがあるそうだ。挺対協と連携している日本の活動家らがまとめた「『慰安婦』バッシングを越えて『河野談話』と日本の責任」（大月書店）の巻末資料によると、姜日出さんは一九四三年、十六歳の時に朝鮮半島南東部の故郷で、「両親の留守中に家に来た日本人と朝鮮人の巡査と軍人が来て」（原文のまま）、旧満州の「長春（当時は新京）、牡丹江（満州）」に連れて行かれたそうだ。独立軍とか光復軍の名前は韓国メディアなどで時折、目にするが、日本の敗戦直前に、満州国の首都だった新京やソ連と国境を接していた牡丹江で、朝鮮人戦闘部隊が行動していたという話を、私は耳にしたこともない。牡丹江の日本軍は、ソ連軍の突然の参戦で一気に総崩れになった。映画のようなことをする余裕が果たしてあっただろうか。

姜日出さんは、ほかの元慰安婦と「ナムルの家」で共同生活をしている。彼女たちを支援している日本の市民団体による「ナムルの家歴史館ハンドブック」（芳賀書店）は、姜日出さんがインタビューに答えた内容をこうまとめている。

「慰安所に来た翌年の春（著者注・一九四四年春）に腸チフスにかかり、高熱が続き、食事も摂《と》れなくなってしまった。軍は他の人に移されることを恐れ、ハルモニ（著者注・姜日出さん）を焼き殺してしまおうと考えたらしい。一九四五年初夏の頃、軍人に連れられて山のふもとに行くと、すでに薪を積み上げ、火を燃やしていた。しかしそのとき、朝鮮人たちが日本の軍人と乱闘のすえ、ハルモニを背負って逃げた」

映画「四四二日系部隊　アメリカ史上最強の陸軍」（二〇一一年、ＷＡＣ）は第二次世界大戦での日系人部隊を追ったドキュメント作品だ。年老いた元兵士が、戦場で死を免《まぬが》れた一瞬をこう一言一言つぶやいては、回想していたのが印象的だった。

「私は死んでたはずです」

「こういうことは忘れられませんよ」

「その日を良く覚えています」

「死んだはずだったからです」

戦場から六十五年の歳月が流れても、生死を分けた瞬間の記憶は鮮明で揺らいでいない。「死んでた」かもしれない一瞬は脳裏に強烈に残り、消えない。多くの人が体験している。それなのになぜ、姜日出《カンイルチュル》さんの記憶は、曖昧に揺れるのか。

それがどうしてかは、手記などを読んだ一人ひとりが考えればよいのだろう。ただし、『鬼郷』が姜日出さんらの衝撃的な体験を元にして製作された映画と報じた以上、一般商業新聞は、その物語が事実である根拠を示すのが、フェアな報道というものだ。焼き殺そうとした兵士たちの部隊や殺された慰安婦たちの名前などは、忘れようとしても忘れられないはずだ。

事実よりも、何としても日本を「ナチス」にし、韓国民の新たな憎しみを駆り立て、国際社会で日本を貶《おとし》めないと気がすまないらしい映画製作者らを礼賛する新聞か、と評されないためには、それは必要なことではないか。でないと、韓国はとんでもない「情報戦」を仕掛けてくる社会だと思われかねない。この件で、駐韓日本大使館や駐米大使館は、こうした韓国メディアの報道にちゃんと問い合わせ、反論し、回答を求め、結果を得ているのだろうか。すでに指摘したが、そこも知りたい。

旧日本軍元慰安婦たちが長く沈黙していたのは、解放後の韓国社会が、日本支配の価値観から、権力も反権力も「反日」を国是とする社会へとなったからだ。日本軍慰安婦であったことが知られることは、権力を奪い合っているどちらからも、戦場での対日協力者として糾弾されかねない、後ろ暗い事実だった。

「戦後補償」との題目の裁判を演出した日本の市民団体。「観光キーセン糾弾」第二弾を求めていた韓国の市民団体。反日が寄りどころのマスコミ。いつの間にか、自分たちを愛国の犠牲者に祭り上げる何重もの味方が出現していた。その安心感のなかで、旧日本軍慰安婦だったおばあさんたちは、日帝の協力者ではなく犠牲者へとなって舞いあがった。

もう、支援団体の幹部に命じられるまま、冷えた雨の中、白いチマ・チョゴリ一枚で傘もささずデモ行進をして歩き、寒さのあまりに倒れた、かつての、「奴婢」さながらのような姿ではない。「日帝の暴虐」の生き証人として、生活は保障され、神聖化された存在へと立場を変えた。死して胸像を残す存在になった。

期待されるまま、韓国社会の反日の「ナルシズム」を満足させる言葉を吐き出し続けることで、元慰安婦のおばあさんたちは、今生の名誉を手に入れたのだ。

このおばあさんたちが事実を事実として、残された人生の中で語ってくれることを期待するほうがおかしいかもしれない。ようやく創り上げた現世の名誉を来世につなげることが、きっと見果てぬ夢だろう。旧日本軍の慰安婦だったおばあさんの流した涙の跡を辿れば、時代時代に操られるだけの術《すべ》なき人生が浮かぶようにも、私には思えるのだが。

原点回帰の日韓

「ウリ」は、本来ならば日本語でいえば「うちの」程度ぐらいの気安い響きの言葉だ。「うちの家内が」とか、「うちの会社が」という感じだ。しかし時として、ほかの文化や人々が持つ価値観を断固として認めないぞ！　と言わんばかりに鉢巻をキリリっと締めて発する「ウリ」がある。

「ウリナラ」となると、かなり気張った空気でパンパンに膨らんでくる。なんてたって「我々の国」なんだぞといった趣《おもむき》だ。気になるのは、ウリ民族主義の行き尽く果ての、「ウリ絶対主義」が、「ウリ愛国主義」と表裏一体になっているのでは、と思われることがあるからだ。朴槿恵大統領の十八番《おはこ》とさえ思えた「正しい歴史認識」を日本に訴えた言動にも、そんな「ウリ文化ナショナリズム」の断面を感じた。

朝鮮半島の問題に関わる人たちの多くが、日韓正常化の一九六五年から現在までを三期に分ける。第一期は、韓国が日本型の輸出主導工業国へ至る道中で、国交正常化からほぼ二十年の一九八七年の韓国の民主化前後まで。軍事政権と重なる時期だ。

第二期は、李明博大統領が野田佳彦首相に旧日本軍慰安婦問題を蒸し返した二〇一一年の首脳会談まで。ほぼ四分の一世紀の間の、小渕恵三首相と金大中大統領の「日韓パートナーシップ宣言」や韓国での日本の大衆文化の段階的開放、二〇〇二年ワールドカップ日韓共催。「冬のソナタ」の韓流ブームなどがあった日韓和解期だ。

日韓国交正常化には、三つの目標があった。①日韓の過去、つまり植民地支配と被支配の精算②韓国の経済成長による自立・近代化③東アジアで中国、旧ソ連に対抗する、日米韓台・反共親米国家体制の確立と強化だ。

②の韓国の自立は日韓関係の一期で果たした。③は冷戦終了で目的の存在意義がいったんなくなった。眼目だった日韓の過去清算は、日韓基本条約と請求権協定でケリがついた問題だった。それがそうならずに幾度も過去が蒸し返されては、二〇一二年

の李明博大統領の竹島上陸、天皇侮蔑発言から始まった「日韓超氷河期」第三期にな
だれ込んでしまった。
お互いを必要としていた韓国の自立や冷戦という頸木《くびき》が消えるやいなや、過去にタ
イムスリップする韓国の姿勢に、日本の知韓派のなかでは、韓国への冷え切った感情
を緩《ゆる》ませようとする気分すら消えた人が多い。
一九四五年の解放以来、韓国が基本姿勢にしたのは、「反日」だ。国交正常化以後
は、反日のうえに自立を目指す時々のスローガンがかぶさった。第一期のスローガン
は「学日」だった。「日本」と聞くだけで、あの野郎と腹が立つけど、日本から学ぶ
べきことは学び、国の発展に結びつけなきゃいけない、という「学日反日」だった。
一九七五年の韓国人口ピラミッド（図1）を見ると、日本支配下の時代を生きて来
た人たちが学日韓国を支えていたことが分かる。日本人の良い面も悪いところも、表
も裏も含めて、実像を知っていた人たちだった。
サハリンであった残留韓国人の老人は、こんなことを口にした。
「日本人は裏切らない。だから必ず迎えに来てくれる」

日本の敗戦後、この人たちが韓国の故郷に帰されなかったのは、ソ連が労働力として必要としたからだった。冷戦と朝鮮半島の南北分断の中で、祖国、韓国からの助けはなかった。

「韓国は貧しく、余裕がなかったから」

との言い訳を韓国では良く聞いた。ある主婦と、そのことが話題になった時、彼女はこう言った。

「韓国にたとえ帰れなくても、そこで元気に暮らしているのなら、それでいいじゃない、と韓国人は考えるのよ。自分の世話だけで精いっぱいだから」

そんな祖国の心中を知ってか知らずか、

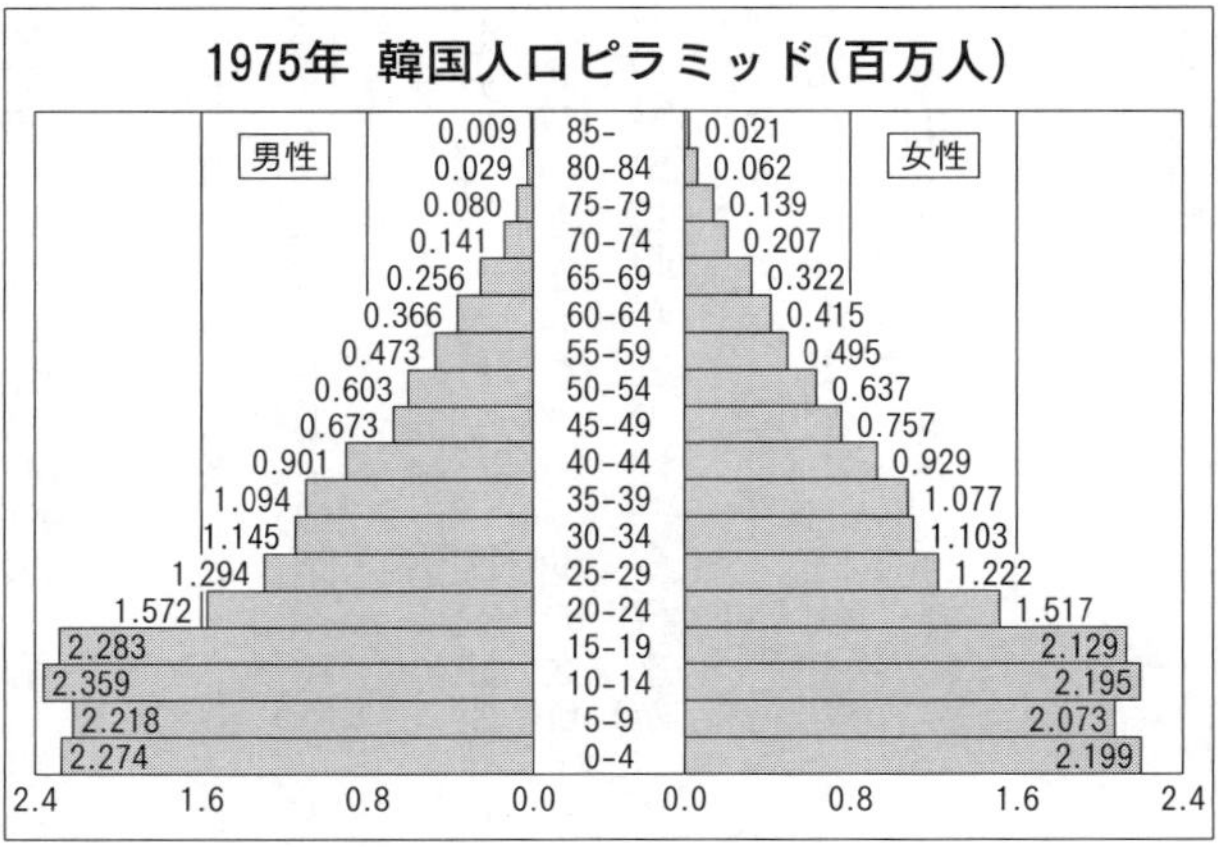

図①・国連人口統計 2016年

祖国での反日の洗礼を浴びないまま北の島に閉じ込められ、老いてなお、「日本人が必ず迎えに来てくれると思って、日々を生きてきた」と語られると、なぜ日本はもっと早く、ソ連と真剣に粘り強い交渉し、この人たちを引き取ろうとしなかったのか、と辛《つら》い気持ちになった。

「朝鮮人を殴った教師もいれば、抱きしめ、励ましてくれた教師もいた。それが日本支配下の実像だ」

と、韓国を代表する新聞社の社長は振り返った。そうであっても時には、その新聞社内で酒に酔った幹部に、

「なんで日本人がここにいるんだ」

と絡《から》まれた。地下鉄で日本人同士が日本語でしゃべっていると、「日本語をしゃべるな」と、怒号が飛んできた。可愛がってくれた老記者は、車を走らせながら窓を閉めると、「誰か故郷を想わざる」を大声で歌って、

「なつかしいよ」

と目をぬぐった。学日反日の国は、思い出の一コマを引き寄せる時、窓を閉めなけ

ればならない国だった。

反共の最前線のこの国は一方で、軍事政権の弾圧の下で人々がエネルギッシュに走り続けている社会でもあった。日本社会も経済支援を続けた。戦争体験派や、その子世代である「戦無派」たちの間で、過去の植民地支配への「罪の意識」は濃かった。「贖罪《しょくざい》意識」自体が悪いわけではない。しかし、一期でのそうした意識からの朝鮮半島問題に傾斜しがちだった傾向が、第三期の日韓氷河期をもたらす一因になったのではないか。

心情的動機主義の隘路《あいろ》

学日期の一九八一年、朝日新聞神奈川県版に「韓国・朝鮮人」というタイトルで、在日韓国・朝鮮人問題をテーマにした長期連載記事を書いた。連載中に、朝日新聞東京本社編集局報に「内なるタブーに挑む『現実』を正面に」との取材報告を載せ、心情的動機主義からのアプローチの危なさを指摘した。概略を再録すると。

――「取材中、しばしば、韓国・朝鮮人や、この問題にかかわっている日本人から、「なぜ、韓国・朝鮮人を取り上げるのか」と、問われた。「在日韓国・朝鮮人の問題は、日本のあり方を考える上で、避けて通れないから」と答えたものだが、こうした取材前の「手続き」に出くわす中で、この問題が通常、個人の心情的関心の領域で扱われていると気づいた。

分かりやすい例を挙げれば、この問題と取り組んでいるサークルなどでの挨拶や発言だ。「戦前、朝鮮人にすまないことをした」「朝鮮人の友だちをいじめたことがある。悪かった」。「心情的動機主義」は、こと韓国・朝鮮人問題に限らないのかもしれないが、こうした心情的動機には反発したくなる。

心情的動機を問うことに、一種の「踏み絵」的なものを感じるからだ。足を踏まれた痛みは、踏まれた人間にしか分からないが、この問題とかかわろうとする日本人の心情的動機の中に感じられるのは、「足を踏んですまなかった」という「懺悔《ざんげ》」の気持ちだ。だからどこか遠慮がちで、ビクビクしている。

こうした心情的動機主義が、韓国・朝鮮人問題にどこかタブー的な色合いをもたらしている。心情的動機がうんぬんされること自体、日本社会に巣食う偏見と差別の根強さを表わしているが、あまり健康的なこととは思えない。それに、日本社会の差別や偏見は、具体的な形で韓国・朝鮮人の日常を襲っている。心情的動機を言うことで解決される問題ではない。心情的動機への傾斜は、差別解消がただ、韓国・朝鮮人に「すまない」から取り組まなければならない問題だ、という錯覚すら与えかねない。

ある在日韓国人の会社経営者は、「日本のマスコミは独裁政治などの暗い面ばかりを強調して報道し、農村の生活レベルが飛躍的に向上したような面は無視している。これでは、韓国の暗いイメージしか伝わらない」と訴えた。韓国を暗い国としか受けとめない日本人が多いことは事実で、それが韓国・朝鮮人への「怖い」というイメージの一因になっている。独裁政治を認めたり、政治的対立の現実を無視することは出来ないが、タブー意識や、この問題にさわることの踏み絵的な色合いが、在日韓国・朝鮮人の実像を直視することをどれだけさまたげ、逆に差別や偏見を助長することになっているだろうか――

心情的な姿勢に危うさを感じたのは、日本社会の在日差別を糾弾する運動を続けていた韓国・朝鮮人市民団体のリーダーの運動の方針を巡ってだと思うが、全面的に運動に協力していた日本人の支援者に、

「日本人は、俺たち（在日韓国人）の言うことを黙って聞いていればいいのだ」

と言い放ったことを知っていたからだ。

その言葉はどこからもたらされたのか。結局、「日韓併合」という過去の被害・加害関係が「贖罪意識からの心情的動機」というフィルターで純化され、韓国・朝鮮人が絶対的正義の存在になっていたからだ。

被害・加害関係の中味は、それほど単純なものではない。過去の被害者が、今日の加害者であるようなことはいくらでもある。国とか民族とか、巨大なものになればなるほど、その被害・加害関係はさらに複雑になり、抗うことができない渦に飲み込まれ、ひとつひとつの人生の瞬間ごとに被害と加害に分かれていくのが常なのだ。被害者が常に正義とは限らない。個人の力ではどうしようもなかった問題に心情的な贖罪意識がからみついて、一方が他方に従うだけの市民運動とは何なのだろうか。

被害者を絶対視する運動がもたらす傲慢さは、旧日本軍慰安婦問題で、すでに見たように、元慰安婦のおばあさんたちの、実際には起こりえないような証言までも、何の検証もせずに「真実」として利用する市民運動の姿につながっている。

カタルシスからの朝鮮半島へのアプローチは同時に、「韓国＝日本の保守層と癒着した非道な政権、北朝鮮＝世界の進歩的勢力と連帯した民主的政権」との、至極簡単な勧善懲悪的構図を日本社会にもたらす一因にもなった。北朝鮮の朝鮮戦争開戦の責任はあいまいにされ、「金王朝」独裁の実態は覆い隠されてきた。

朝鮮問題への心情的動機主義はいまも濃厚だ。旧日本軍慰安婦問題を研究し、「帝国の慰安婦」を日韓両国で出版した韓国の朴裕河《パクユハ》世宗《セジョン》大教授を二〇一五年十一月にソウル東部地検が名誉毀損《きそん》の罪で在宅起訴した。すると、錚々たる日本の言論人や政治家、学者らが同月二六日、東京で記者会見をし、「言論・出版の自由や学問・芸術の自由が侵されつつあるのを憂慮」（朝日新聞同月二七日記事から）する声明を出した。

声明を出すことがおかしいのではない。不思議なのは、前年十月に産経新聞ソウル支局長が在宅起訴されたときはどうだったのかということだ。同じ行動を取っていなかったら、言論・出版の自由に対してダブルスタンダードだ、と言われかねない。主要メンバーの一人が元朝日新聞主筆（故人）だった。それでは、考え方が違う新聞への「権力の弾圧」は許す、ということにならないか。元主筆は、記者会見でこう言ったと、その声明メンバーから聞いた。

「私は韓国を愛しています」

私の記憶では、彼は同じことをあちこちで時々口にしていたが、それはまさに、「心情的動機主義」からのアプローチそのものだろう。

「心情によって、言論の自由への対応が違う知識人か」と批判されても仕方ない。心情的な視点からの論説などの偏りが、日本のごく普通の市民の心にメディアへの不信を植えつけ、韓国への壁を作り、日韓摩擦をさらに深刻化させなかったか。

反日国民情緒の爆発力

民主化以後の日韓関係第二期に生まれた言葉が「克日」だ。日本支配下の時代は知らず、軍事独裁の社会に育った世代が、韓国社会民主化の大黒柱になった。東京特派員として赴任する韓国の新聞記者の激励会で、彼が勇ましい挨拶をした。

「克日の視線で日本を見つめてくる。日本を批判するだけではだめだ。韓国は日本を克服し、打ち勝つ底力をつけなければならない」

民主化の総大将ともいえる金大中政権が出帆した。日本は、社会党委員長村山富市《むらやまとみいち》を首相とする三党連立内閣（一九九四年六月三十日〜九六年一月十一日）のもと、敗戦後五十年の節目の村山談話に象徴される「過去反省」ムードであふれていた。韓国の「克日日本」と村山政権下の「過去反省」が重なり合い、日韓は「未来志向」「未来志向」への大合唱が響いた。しかし、アジア平和基金を発足させた村山内閣は当時、韓国左派の内情を十分につかんでいたか。

韓国には日本でイメージするような保守・革新という対立軸での左派はいない。韓国の政治勢力の潮流は、極端にいえば、濃淡はあるが保守の中の現権力側と冷や飯側、そしてすでに述べた、政党解散命令を受けた「統合進歩党」に代表される北朝鮮支持の従北勢力。こちらは革新勢力というよりむしろ「体制転覆派」だ。そのうえに、明日の権力を夢みる在野層が絡んでいる。慰安婦問題は当初、過去の韓国人原爆被害者運動などと同じく、被害者だったという人を集めては被害者団体をつくり、会費を払わせ、裁判でも何でもして、とにかく日本の金をせしめるのを主眼に続けていた運動だったが、次第に従北派との関わりがあると見られていた団体が主導権を握るようになっていた。その変化に村山内閣は気づいていたのか、どうか。

韓国の「反日」は「感情」なのか、「情緒」なのかと知り合いの韓国の大学教授と話し合ったことがある。彼は、「情緒だ」と言って、こう説明してくれた。

「韓国人の反日は、韓国社会に流れる空気みたいなものだ。何が正しい、何が間違っている、というものではないんだ。好き嫌いでもないのだ」

「感情は一時的だし、原因だって突き止められるだろう。しかし韓国の反日は、日本が好きとか嫌いとかを超えた韓国社会の情緒だ。学日であっても反日が消えなかったのは、そのためだ。克日の深層心理にも反日の情緒がある」

韓国社会の底にはいつも反日の情緒が沈んでいる。情緒というより心理的な規範に近い。コップが大きく揺れるや、H_2Oと混じり合って国民の愛国心を試す情緒だ。

韓国が経済的に日本を追い抜いたとしても、この情緒は消えない。国交正常化五十年を経ても解消しないものは、百年たっても存在する、と覚悟しておくべきだ。「日本は反省も謝罪もしていない」と言い続け、日本で煽る人たちも「そうだ。そうだ」と、口を合わせ続けるに違いない。

ソウルで、日本の植民地時代にはまだ幼かった世代の二人とよもやま話をしていた時に、もしも朝鮮が日本を支配していたら、という話題になった。どんな結論だったかはともかく、歴史の歯車の回り方が違えば、欧米列強と手を結んだ朝鮮が、日本を植民地にすることだって、あり得た。嫌韓派のいつもの口癖はこうだ。

「朝鮮は常に外国の力と手を結ぼうとしてきた。その事大主義《じだい》が国を滅ぼした。自力では何もできない国だ」

旧日本軍慰安婦問題では、欧米の力を借りた韓国に日本が追い詰められた。この国の事大主義を侮るべきでない。

韓国の夫婦げんかは人前でする。この頃は、さすがにあまり見られなくなったとはいえ、家の中で始めたら、女房は窓をガラッとあけ、通りすがりの人に亭主がどんなにひどいことをしたか、と大声で訴える。買い物の路上でも、平気でお互いを罵る。

そのうち、人だかりに囲まれ始めると、亭主と女房がやじ馬のほうにくるっと向き直り、背中をぶつけ合いながら、どっちの言い分が正しいか、と延々と訴え続ける。もちろん夫婦げんかだけでなく、路上での激しい口げんかの様子を眺めていると、だいたいそうなる。雄弁術をフル活用して外勢に「正義」を訴えて勝とうとするのだ。

旧日本軍慰安婦問題や世界遺産申請問題で、国際社会に向かって日本の悪口を言い続けたのも、路上のけんかと同じ手といえる。日韓併合直前の一九〇七年に、大韓帝国の皇帝になった高宗がオランダのハーグに密使を送った。これも外勢の力を頼った一例だ。李承晩大統領も若き日、支援を求めて米国に向かったことは、すでに紹介した。「告げ口外交」は朴槿恵大統領の専売特許ではない。年季が入っている。今後もやり続けるだろう。

次ページの表は、日本の新聞社と韓国の提携する新聞社による共同世論調査での両国相互の好感度の変化をまとめたものだ。日本では、ソウル五輪や日韓ワールドカップ共催や韓流ブーム時には、韓国への好感度が嫌悪感を上回った。韓国では、好感度

日本の韓国への好感度			韓国の日本への好感度		
好感	嫌悪感	実施時期／日韓共同調査メディア	好感	嫌悪感	主な出来事
11	19	1984/10 朝日・東亜日報	23	39	全斗煥大統領訪日
11	21	1988/5 朝日・東亜日報	14	51	ソウル五輪
11	21	1995 年 6 月朝日・東亜日報	6	66	国交正常化 30 年・村山談話
38	48	1995 年 5 月 6 月毎日・朝鮮日報	26	70	
49.8	38.7	1995 年 1、3、4 月読売・韓国日報	29.8	67.6	
48	38	1999 年 5 月毎日・朝鮮日報	29	61	前年日韓新パートナー宣言
69	32	2002 年 1 月毎日・朝鮮日報	35	65	日韓ワールドカップ開催前
55.3	35.3	2002 年 2、3 月読売・韓国日報	23.8	75.5	
72	18	2002 年 7 月毎日・朝鮮日報	42	58	日韓ワールドカップ開催後
54	42.6	2005 年 1、2 月読売・韓国日報	11.2	88.3	国交 40 年
43.5	51.2	2006 年 6、7 月読売・韓国日報	17.1	82.1	盧武鉉大統領竹島で強硬姿勢
50	44	2008 年 12 月毎日・朝鮮日報	36	62	
18	10	2009 年朝日・東亜日報	11	36	
17	17	2011 年 12 月朝日・東亜日報	12	50	慰安婦問題・日韓京都首脳会談
47	48	2012 年 9、10 月毎日・朝鮮日報	36	61	李明博大統領竹島上陸
41	52	2013 年 3 月読売・韓国日報	17	79	李明博大統領竹島・天皇発言
33	62	2014 年 5 月読売・韓国日報	21	77	朴槿恵大統領歴史認識発言
32	64	2015 年 5 月読売・韓国日報	20	78	国交正常化 50 年
10	26	2015 年 5、6 月朝日・東亜日報	5	50	

が嫌悪感を越えたことはない。日本人は本音で答えるから、時々によって変わるが、韓国の人たちは反日情緒の建前と名分で答えるから、変わらないのだ。

二〇一〇年時点の韓国の人口ピラミッド(図2)を見ると、朝鮮戦争の影響で、日本の植民地支配を知っている八十歳以上、新生期の「韓国」を作った人たちは消えつつあり、反日教育を受け、日本支配時代を観念でとらえる世代がこれから永遠に続くことが分かる。というより、そうした世代だけになる。

世界経済で、日本が中国に経済大国二位の座を明け渡したことがはっきりしたの

図②
韓国の人口ピラミッド（2010年推計）
総人口：4,887万人　65歳以上人口比率：11.0％

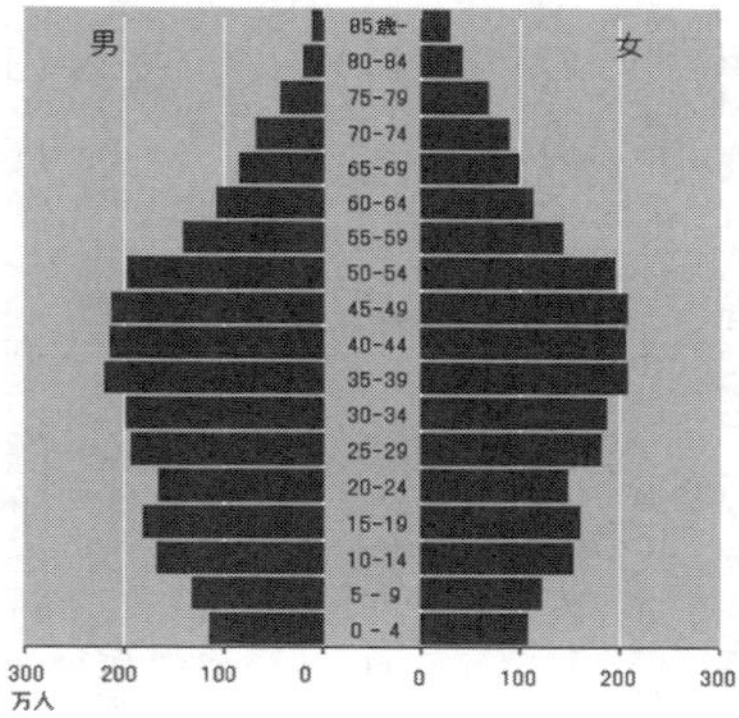

（資料）総務省統計局「世界の統計2012」（韓国原資料は国連人口統計年鑑）

は、東日本大震災直前の二〇一一年二月十四日だ。東日本大震災を揶揄《やゆ》する、例の横断幕騒ぎや翌年の李明博大統領の竹島発言、天皇侮蔑発言は、成長のエンジンが中国に移ったことを見極めた上での、「日本なにものぞ」の「離日」宣言と見ることもできる。

歴史は勝者がつくる

旧日本軍慰安婦問題がおさまらない要因のひとつには、韓国の人たち特有の歴史観が絡んでいるのではないか。韓流時代劇が大好きな人なら、時々、こんなナレーションやセリフを耳にしただろう。

「歴史とは常に勝者のものである」

正史は、勝者が描いた歴史であって当然だ、とする歴史観だ。外勢に翻弄《ほんろう》され、同時に国内では激しい権力闘争が続いた歴史から生まれた認識だろう。敗れ去った者は名誉も財力も平和な生活もすべてを奪われ、治世を伝える遺物は破壊されてしまうのが常だった。韓国の考古学者のこんな述懐を聞いたことがある。

「韓国内に遺物が少ないのは侵略した豊臣秀吉軍に全部壊されたからと、すべて秀吉のせいにしているが、実際は権力者が替わるたびに自分たちが壊したもののほうがはるかに多いです」

韓国の学界では話せないことだけれどと、彼は付け加えた。韓国社会の「反日の情緒」を下手に刺激すると、どんな返り討ちに遭うか分からないと、恐れているのだ。

旧日本軍慰安婦問題でも、ソウル大学の教授が二〇〇四年九月に元慰安婦のおばあさんの眼前で謝罪させられた。「軍慰安婦は売春業」など、反日の掟に背いた見解を正直に口にしたからだ。

韓国紙、朝鮮日報によると、旧日本軍慰安婦だったおばあさんの一人は、

「東豆川《トンドウチヨン》で体を売っている女性と私たちを比較するなんて、あり得ないこと」と、教授を詰《なじ》ったそうだ。有名な基地村「東豆川」で一九九二年、洋公主の一人が米兵に殺されたことで大規模な反米デモが起きたことは、すでに紹介した。洋公主も、軍慰安婦だったおばあさんと同様に、韓国現代史の逆境のなかで懸命に生きた女性たちだ。それが、「同一視するのはけしからん」とは。聖女化され、舞い上がったおばあさんたちの気分が、よく分かるではないか。誰が、そうさせたのか。

勝者が歴史を支配するのが当然、との韓国の人々の歴史観を巧《たく》みに刺激するのに成功したのが、韓国挺身隊問題対策協議会（挺対協）などではないか。

一九九〇年代以前、韓国世論は旧日本軍慰安婦問題に関心を寄せなかった。ところが、日本での集中報道を背景に、挺対協は韓国マスコミと一体になって、この問題が日韓過去史の作り手は韓国なのか日本なのか、いったいどちらなのかを決める雌雄《しゆう》の一戦であるかのように韓国世論に訴えていったのだ。韓国社会にとって旧日本軍慰安婦問題は国威そのものの問題となり、元慰安婦は国威の象徴になった。

日韓氷河期が深刻化する一因になったひとつに、韓国人窃盗犯が対馬《つしま》の寺から盗んだ銅造観世音菩薩座像《どうぞうかんぜおんぼさつざぞう》が韓国内で見つかった事件がある。韓国は日本にすんなり返還しないままでいる。問題の仏像は、仏教を国教としていた高麗末期の一四世紀に忠清南道瑞山《チュンチョンナムドソサン》の浮石寺《プソクサ》に安置されていたといわれる。高麗を倒した李朝は仏教を弾圧、多くの寺や仏像が破壊された。難を逃れて、対馬に渡ってきたと見るのが、歴史から読み解いた常識的な判断だ。それから七百年も後に韓国の泥棒が日本に来て盗んでいったものなら、いったんは日本に戻し、その後については話し合いたいと申し出るのが常道だろう。

こと日本が絡むと、ごく当たり前の常識すら通用しなくなる。韓国は太平洋戦争の戦勝国だというのもそうだ。歴史の勝者でありたいという「自尊心」がむくむくと頭をもたげるからだ。民族の深層心理に根差すだけに、消えることは、おそらくないだろう。

11

時間は薬。
されど和解の終着駅は永遠《とわ》に見えず

T・K生の述懐

二〇一五年、来日していた九十一歳になる韓国の政治思想家、池明観《チミョングアン》さんに日韓関係についての意見を幾度か聞いた。

池明観さんは、軍事独裁政権下の民主化運動弾圧を伝える「韓国からの通信」を日本の進歩派系月刊誌「世界」に、「T・K生」のペンネームで一九七三年五月号から八八年三月号まで十五年間連載した、と二〇〇三年に自ら明らかにした。「韓国からの通信」は、「世界」誌上だけでなく、節目ごとに岩波新書でまとめられ、日本国内の韓国民主化支援者のバイブルとして、大きな影響を与えた。当時、池明観さんは東京女子大の教授で東京に暮らしていた。韓国内でなく東京で独裁政権に抵抗したのは、どうしてか。

「私が日本を初訪問したのは、朝鮮半島が解放されて二十年後の一九六五年でした。十日間ほどの旅でした。それまで、戦前の日本を知る私たちの世代は、戦後の日本にも敵対感情を募《つの》らせていたのですが、日本に来てみると、日本人はいきり立っておらず、何でも語り合え、通じ合える人たちで、それまでの日本のイメージが崩れる経験をしました。われわれが二十年をかけて敵対感情を築き上げている間、日本はずうっと静かに努力していた、範《はん》にすべき国と思いました。それで、一九七二年に日本で韓国の思想史を研究しようと、来日しました」

池明観さんは、雑誌「世界」に「韓国からの通信」を書いた経緯をこう説明した。

「『世界』の安江良介編集長とは、一九六八年に米国からの帰途に会ったことがありました。彼は、美濃部革新都政で特別秘書をしていました。政治的な発言をする人だという印象をもったので、来日後は彼とは絶対に会わないつもりでした。それがバスの中でばったり出くわしてしまいました。それがきっかけで、『韓国からの通信』を書くようになりました。運動に巻き込まれてしまいました」

言論の自由が封鎖された韓国内でも、「韓国からの通信」は秘《ひそ》かに読まれていた。当時、韓国内の友人に感想を尋ねたことがある。

「韓国内では知られていない事実もある。反政府運動のプロパガンダばかりが書かれているわけはない。しかし、見方が違う。解釈が違うから、韓国内での受けとめとはまったく異なった様相で書かれているところがある」

韓国が民主化したいま、「韓国からの通信」にはたくさんの批判がある。事実とは違う記述がある。韓国の独裁政権は厳しく告発しているが、北朝鮮の金日成独裁政権への批判はない。強制収容所の存在や人権問題を無視し、今日に続く北朝鮮の独裁を許す結果を招いたのではないか、などが代表的なものだ。池明観さんに批判をぶつけた。

「自己批判しなければならないと思っています。『韓国からの通信』は闘いのための書です。だから戦略的に配慮する必要はあった。南（韓国）も北も悪いと書いたら、（軍事独裁政権への）抵抗勢力のパワーが弱くなる。運動の成果を世界の人たちに訴えるために、現実を叙情として書いたものが『韓国からの通信』でした。闘いをする側の限界の中で書いていたことは、素直に認めなければならないと思います」

池明観さんは、北朝鮮の共産党支配を嫌って、韓国に渡った一人だ。

「歴史的に私たちの民族は外国勢力に排外的です。だから解放直後、南の人たちは占領軍である米軍政に反対し、北はソ連の占領に反対した。ソウル大に入学したころは、南出身の学生は左派で北出身者はだいたい右派でした」

南北に分断された朝鮮半島で、当時、こんな流行《はや》り言葉が広がっていた。

「米国の奴らを信じず、ソ連の奴らに騙されるな」

　池明観さんの話を続ける。

「朝鮮戦争が起きると私は、大学生は免除されていた軍隊に一兵卒で入隊しました。偶然、本屋で南出身の同窓生に再会しました。その時、彼は『お前が軍隊にいるなんて。まもなく北によって統一されるのに、どうするつもりなのか』と心配してくれました。南の人は内心で北に統一されればよいと思っているんだ、とビックリしました。韓国で反米的だった人々は歴史の中で洗脳され、適応する中で考えを変えていきました。これは転向とは呼びません。それが人間だということです。北朝鮮では、弾圧でそうした人々は存在すら許されず、消えていきました」

　同族が同族を殺しあった朝鮮戦争で、韓国軍慰安婦が存在していた。「戦時下の女性の人権」問題として、韓国の反体制派が、この問題をクローズアップする可能性はある。池明観さんは軍慰安婦についてどう思っているのだろうか。

「戦場というところは、殺すか殺されるか、荒《すさ》みきった、とんでもないところなのですよ。そんな戦場でのことを……」

答えは短かった。池明観さんは金大中政権発足とともに、政策ブレーンとして日本の大衆文化開放の責任者となり、韓日文化交流政策諮問委員長に就任した。日韓交流の拡大に献身し、一九九八年、「日韓新パートナー宣言」を結実させた。その委員長時代、韓国挺身隊（挺対協）の尹貞玉会長（当時）が旧日本軍慰安婦問題を日本との交渉問題として取り上げて欲しいと頼みに来たことがある。どう答えたのか。

「旧日本軍慰安婦のことを持ち出したら、日韓関係は破滅します。それで要請に応じませんでした。日韓には解決すべき、もっと重要な問題が多いのです。そのなかで、できることからやると伝えました。日本がこの問題を受け入れるようになるには、もっともっと時間がかかるとも思いました。私たちは検事さんではないのですよ。それに過去の政権で合意したことを覆《くつがえ》すことをしたら、韓国が信用されなくなります」

そして、こうつぶやいた。

「忘れてしまうこと。忘れてしまってもいいじゃないですか。歴史というものはそういうものだし、政治というものはそういうものではないでしょうか」

日本には「時が解決する」という格言がある。韓国にもこんな言葉がある。

「時間が薬だ」

しかし、もっともっと知られているのは、こっちだ。

「恨《ハン》　五百年」

知り合いのキャリアウーマンの一人はこう言うと、笑った。

「人の噂も七十五日、と日本では言うそうね。韓国には、そんな諺はないから。もしあったら教えてあげるけど、韓国人は忘れないのよね」

政権が変わるごとに、前の時代の不正を暴き、糾弾する。その繰り返しも、忘れない民族性からか。

朴槿恵政権が発足直後から、旧日本軍慰安婦問題解決を日本側に迫り、日韓関係は空転状態に陥《おちい》ったことについて、池明観さんはこう言った。

「朴槿恵さんの妹さんが、日本はもう十分に謝罪しているとか、日本が韓国の経済発展に尽力したなどと発言したことが、話題になりましたね。あの発言は、姉に対する朴ファミリーの総意を表明したものだと思いました。私は朴正煕政権に抵抗した立場ですが、もう少し若く、朴槿恵さんと交流があったならば、私は忠告したと思います。（慰安婦問題を）改めて持ち出す必要はないし、過去の政権が合意したことのうえに立って、日韓の問題を考えることが大事なのだとね」

超氷河期の日韓関係の今後に、池明観さんは楽観的だった。市民的な交流の厚みが日韓関係を支える時代になっていると指摘した。

「政治に左右されない市民の交流が築き上げられた。この流れをさらに太くすることが大事なことだ」

しかし、ごく常識的な日本人が持っていた韓国への親近感は、旧日本軍慰安婦問題でずたずたに切れてしまったというのが、実情ではないか。池明観さんの見るように、市民相互の関係が日韓関係を支配するならば余計政治がどのように和解を演出し、交流の舞台を用意しても、冷えきった日本社会の気持ちが温まることは、無理な話ではないか。韓国の軍事独裁政権時代、全斗煥大統領はこんなことを言った。

「韓国と日本はお隣りさん同士。いくら相手が嫌いでも引っ越すことはできない」

もちろん、そうだ。しかし、ひょっとしたらいま、日韓は、本当にお互いがお互いを必要としているか、きちんと考える時がきているということかもしれない。

日本軍再侵入の悪夢

韓国のハンギョレ新聞の日本語サイトが二〇一六年三月十二日、前年末の旧日本軍慰安婦問題の日韓合意に絡んで、徐京植《ソギョンシク》東京経済大学教授の寄稿「日本知識人の覚醒を促す　和田春樹先生への手紙」を掲載した。アジア女性平和基金の理事長だった和田春樹《わだはるき》東大名誉教授への公開質問状にこんな一節があった。

「私の脳裏に浮かぶ悪夢は、近い将来『朝鮮半島有事』という事態が起きることです。そうなれば、米軍とともに（いまは自衛隊という名の）日本軍が朝鮮半島に侵入してくることになるでしょう。その準備が着々と進められています。日本国民の多数は、すでに内面化された差別意識や攻撃性を克服できないまま、この悪夢を傍観するか、あるいは積極的に支持するでしょう」

その準備とは、安部内閣下で進められた安保法制などを指しているのだろう。

「同じ民族が血を流しあって分断を固定化した。統一も同じ道を辿らなければできるはずはない」——一九八〇年代、朝鮮戦争を戦った世代の韓国人に尋ねると、そう語り、口を閉じる人がいた。朝鮮半島有事という言葉で思い出すのは、朝日新聞のソウル特派員だった一九九四年の北朝鮮第一次核開発危機の時期だ。同年三月十九日の板門店での南北協議が決裂すると、韓国側がこう明らかにした。

「北朝鮮側代表が、ソウルは遠からず、火の海になるだろうと発言した」

火の海発言に人々は怯《おび》えた。さらに北朝鮮が六月十三日、「国連制裁は宣戦布告とみなす」との声明を出した。ソウルでは買いだめが起きた。核兵器より、わずか四十キロ先のソウルに砲門を向けている北朝鮮のロケット砲のほうが、危機の現実味がはるかに強かった。ソウルの日本人学校の子供の一割が帰国した。

日本大使館は、ソウル在住邦人を住居地別に五組に分け、各組二人の代表と班長十人を置き、大使館からの緊急連絡が全邦人千世帯に行きわたらせる邦人連絡網を作った。邦人の集結地は、ソウルの漢江を渡った先の江南地区にあった日本人学校だ。それから先が問題だった。

「自衛隊の来援は法的にも期待できず、日本の民間機がいつ撃墜されるかも分からないなかで、ソウルに救援機が丸腰で飛んでくることもありえない」

日本人学校から先の安全は米軍頼みだった。

北朝鮮の金日成国家主席急死が発表された七月九日、日本大使館が緊急連絡を使った。つかまらない班長が続出、同夜までに在留邦人の半分程度に伝わったかどうかという段階で終わってしまった。その後の邦人連絡網については知らないが、朝鮮半島有事はけっして絵空事ではない。

『金泳三大統領回顧録』（朝鮮日報社、二〇〇一年二月刊）では、「火の海発言」前後に、米国は北国内の核施設攻撃を決意、第二次朝鮮戦争の瀬戸際だった、と記述している。

「六月十六日午前に、駐韓米大使が明日記者会見をし、会見終了直後、駐韓米軍家族、民間人、大使館家族をソウルから撤収させるとの報告があがり、驚いた。家族の撤収は、戦争の直前にとる措置だ。その他の状況も合わせ見て、米国は国連の制裁とは別に北爆を強行する可能性が大きいと判断した」

金泳三大統領はレイニー駐韓米国大使を青瓦台に呼び、こう宣言する。

「私がいる限り戦争は絶対にダメだ。米国人の疎開も絶対だめだ」

翌十七日未明、電話してきたクリントン米大統領を難詰した。

「自分が大統領でいる限り、六十万韓国軍の一兵たりとも動かさない。韓半島（朝鮮半島）を戦場にすることは、絶対にダメだ。戦争になれば、南北朝鮮で数えられないほどの軍人、民間人が死に、経済は破綻する。あなた方は飛行機で空襲すれば済むかもしれないが、北は即時、休戦ラインから南の主要都市を一斉に砲撃するだろう。戦争は絶対にダメだ。自分は歴史と国民に対し罪を犯すわけにはいかない」

この日午後、米大使館公邸でのカーター大統領の記者会見に行った。

「（北朝鮮の金日成主席が）南北首脳が会えることを希望していると、韓国側に伝えて欲しいと語った」

カーター元大統領がそう明らかにした。翌日十九日の朝日新聞朝刊一面には、「金日成主席　南北首脳会談呼びかけ　無条件で　金大統領も受諾」のソウル発の記事が載っているが、トップ記事ではなく、左側に寄せてある。ほかの新聞はみなトップだった。実は記事を出稿した後、本社が「一面トップではないか」と問い合わせてきた。「実現するかは未知数なところがあるから、トップにしないほうがベターだ」といったやり取りの結果の扱いだった。朝鮮半島を巡っては、大騒ぎした挙句が尻切れトンボ、というニュースが多すぎるが、実感だった。読者からすればあの騒ぎは何だったのか、ということにしかならない。自制すべきだとかねてから考えていた。初の南北首脳会談は、金日成主席の急死で頓挫《とんざ》した。すべてが「未知数」なのが、朝鮮半島だ。

米軍は予定していた北爆を金泳三大統領の意を酌んで踏み切らなったのか。二〇一〇年十二月の日経新聞「私の履歴書」で、当時のペリー米国国防長官はこう回想している。

「この頃（一九九四年四月下旬）、われわれは国防省内部で検討していた北朝鮮への核疑惑施設への『外科的空爆』を断念」（十二月二日付け）

と、すでに四月に北爆計画は消えたと記述している。ただし、「私の履歴書」でも、断念したままだったか、そうでなかったかははっきりしない。

有事の時は、在日米軍機が続々と朝鮮半島へと飛び立ち、日本は戦時兵站基地化する。そのための準備なしに米軍は北爆撃作戦を実行できないが、当時の日本大使館員にも「北朝鮮空爆寸前」との認識はなかった。

自衛隊は来なかった

成立した日本の安全保障関連法などの目玉のひとつは、相手政府の同意を得ての自衛隊による邦人保護が可能になったことだ。しかし、自衛隊は朝鮮半島有事の際、邦人救出のためにソウルに向かうことができるか。先に紹介した朝鮮半島が解放されるや流行った歌の続きが、

「日本の奴らが立ち上がるから、朝鮮人は気をつけろ」

だった。その疑念は韓国社会から消えていない。二〇一六年の韓米日など六カ国による潜水艦救難訓練では、

「軍国主義の象徴である旭日旗《きよくじつき》を掲げた自衛艦の入港を許すな」

との韓国世論に配慮、自衛艦は済州島の韓国海軍基地入港を見合わせたといわれる。仮に有事に自衛隊が邦人救出に向かえば、韓国内に潜んでいる北朝鮮工作員が、あらゆる流言飛語《りゆうげんひご》を流して、人々の反日情緒を一気に爆発させようとするだろう。銃を向けるのは工作員に限らないかもしれない。邦人保護どころか、不測の事態を招きかねない自衛隊派遣を韓国政府は認めないだろう。それに、有事になれば、やはり

民間機や政府専用機は韓国の空港に着陸すらできなくなる。

第一次危機時の在留邦人は全部で九千人程度だった。いまはその四倍を超える。日本人観光客は、昨年でも当時の二倍以上、毎日一万五千人ぐらいが滞在している計算になる。この人たちのなかで、ソウル中心部の市庁前から約十キロ離れ、車でふつう二十分ぐらいかかる日本人学校に、独力で辿りつける人が何人いるか。もたもたしているうちにどのような状況を迎えるか。安保法制が実現しても、朝鮮半島での邦人救出はより困難になっている。結局は米軍頼りだが、米軍は当然、米国人救出を優先する。

ダッカで邦人七人が殺された。海外での安全への関心が高まっているが、一番の邦人保護策は、安保法制よりも日本政府が邦人を保護することも日本企業の財産を守ることも難しい地域のひとつがどこかを、国民に十分に認識させておくことだ。

挺対協らが中国の団体などと共同で進めている「慰安婦記録物世界記憶遺産登録申請」に同年六月、日韓合意に配慮した韓国政府が予算をつけないと決めるや、次期大統領の有力候補者の一人である朴元淳《パクウォンスン》ソウル市長は、ソウル市が申請を支援する意向を示した。韓国内の関心が次期大統領選挙に向かっている時期の発言だけに、注意する必要がある。この人は、十六年前の東京での「女性国際戦犯法廷」で、検事役になった一人でもある。

同市で、「慰安婦記憶の場」公園が同年八月十五日の完成に向けて、造成中だ。朴元淳市長は、先に紹介した映画『鬼郷』の市内施設での上映を進めた。ソウル市と姉妹・友好都市協定関係にある東京都や北海道は、反日を煽っている韓国の自治体と、税金を使ってどこまでつきあいを深める必要があるのか、という気持になる。

朝鮮半島、安保、そして南シナ海

日本本土の大半はすでに、北朝鮮の射程千キロのスカッドミサイルの射程内にあるが、金正恩政権は、二〇一六年六月、中距離弾道ミサイル「ムスダン」の六回目の実験で発射には一応成功した。「ムスダン」は沖縄やグアムの米軍基地を射程に収める。北朝鮮の攻撃力が増したことは間違いない。

米国と朝鮮半島の歴史をみれば、これまでの米国の対朝鮮半島政策が、責任感にあふれていなかったことは明らかだ。日本の朝鮮半島併合は米国の合意の下で、だった。南北分断をもたらしたソ連軍の北朝鮮占領は米ソの軍事作戦の下だった。米軍の不用意な撤退が朝鮮戦争をもたらした。北朝鮮の核開発を結局は阻止できなかった。米国が朝鮮半島に戦略的価値を置いてこなかった結果だ。米国主導の対北朝鮮戦略のなかで、朝鮮半島有事に日本がいきなり巻き込まれる恐れはないか。

日本は歴史的に、朝鮮半島が日本の安全保障に直結すると見て来た。いまも日本の軍事専門家は、韓国の安保と日本の安保を同一視する。

「釜山が中国や北朝鮮に支配され、対馬海峡で対峙する時代になったら、日本の安全保障にとって由々《ゆゆ》しき事態になる」

しかし、日本の国民が一番嫌なことは、反日の国の有事のとばっちりを受けることだろう。軍事専門家は、こうも言う。

「朝鮮半島有事には、米韓軍の後方支援として、自衛隊はまず朝鮮半島沿岸の機雷除去などに出動するだろう」

朝鮮戦争当時、日本の海上保安庁部隊が機雷除去をして米軍上陸や脱北民の救出を助けた。しかし、犠牲となった隊員を慰霊する声を韓国内で耳にしたことがない。日本は平和国家として存在しなければならない。現実問題として、安保面で韓国と協力できる分野は限られている。物理的で直接的な軍事協力や警察力を伴う協力は両国の国民感情からしてできない相談だ。それを前提にした、朝鮮半島有事における日本防衛の戦略を日本政府は練っているのだろうか。

東アジアは「偉大なる中国の復興」を掲げる政権の出現で、誰の目にも巨大な変化の中にいる。韓国の安全と日本の安全を同一視するこれまでの安保観は、中国が南シナ海の軍事拠点化や、中国海軍艦船が沖縄沖や鹿児島県沖に侵入するなど、直接的な威嚇を強める中で揺らいでいる。朝鮮半島有事とともに中国の軍事的脅威が、日本の安全保障にとってはより差し迫った課題になった。

中国が地域の安全を脅かす行動をとるたびに、韓国は日米とともにあるのか、それとも中国とともにあるのか、が日本社会の関心事になるだろう。日韓安保協力の一環として、軍用品をお互いに融通しあう協定（ACSA）と軍事情報の共有協定（GSOMIA）が、日韓超氷河期のあおりを受けて締結は延び延びになっている。これはケガの功名のひとつといえるかもしれない。明日の日韓関係のすべては、同盟国でない韓国が友邦であろうとしているかどうか、で決めていくことが肝要だと分かったからだ。その問いに、歴史認識や過去問題で中国と共闘する韓国社会がどう答えるか。

日本の安全保障は現在も朝鮮半島の安保と不可分なのか。過去においては、欧米との連携の紆余曲折が結局、日本の運命を定めた。英国がECと離脱するような混沌が辿り着く先を読み解きつつ、膨張する中国に警戒を強める諸国と共通の安保戦略を築いていくしか、二十一世紀中盤に向かう日本の安全保障政策はないと思う。

韓国社会の価値観は、これまで見てきたように日本社会とは相当に違う。同じ民族だから当然だが、韓国社会の皮膚感覚は北朝鮮社会にかなり近い。面子《メンツ》至上主義もそうだし、すぐに体面を守るために大声で騒ぎだすところもよく似ている。北朝鮮の「ウリ式社会主義」と韓国の「ウリナラ・ナショナリズム」とどこがどう違うのか。歴史的体験が鍛えてた、一筋縄ではいかない卓越した交渉力をもっている点でも、南北は同じだ。

旧日本軍慰安婦問題が日韓関係を破滅させる、との池明観さんの予言が正しかったことだけが証明された国交正常化五十年の年だった。一方で国際関係は過去の歴史や距離、価値観ではなく、共通の信頼感から深まることをオバマ米国大統領のヒロシマ訪問は教えた。お互いを必要とする鎖《くさり》から解き放された日韓が、点検しなければならないのはそのことだろう。

国家は引っ越しすることはできない。しかし、互いの社会をよく知ったうえで過剰な関心や期待、中傷、不安を控えることはできる。そのことを韓国社会が十分に理解するまで、日韓超氷河期は続くに違いない。

切りとり線

★読者のみなさまにお願い

この本をお読みになって、どんな感想をお持ちでしょうか。祥伝社のホームページから書評をお送りいただけたら、ありがたく存じます。今後の企画の参考にさせていただきます。また、次ページの原稿用紙を切り取り、左記まで郵送していただいても結構です。

お寄せいただいた書評は、ご了解のうえ新聞・雑誌などを通じて紹介させていただくこともあります。採用の場合は、特製図書カードを差しあげます。

なお、ご記入いただいたお名前、ご住所、ご連絡先等は、書評紹介の事前了解、謝礼のお届け以外の目的で利用することはありません。また、それらの情報を6カ月を越えて保管することもありません。

〒101-8701（お手紙は郵便番号だけで届きます）
祥伝社新書編集部
電話03（3265）2310
祥伝社ホームページ　http://www.shodensha.co.jp/bookreview/

★本書の購買動機（新聞名か雑誌名、あるいは○をつけてください）

＿＿＿＿新聞の広告を見て	＿＿＿＿誌の広告を見て	＿＿＿＿新聞の書評を見て	＿＿＿＿誌の書評を見て	書店で見かけて	知人のすすめで

★100字書評……交わらないから面白い 日韓の常識

名前

住所

年齢

職業

前川惠司　まえかわ・けいじ

1946年東京生まれ、1971年慶應義塾大卒、朝日新聞入社。出版写真部、川崎支局、週刊朝日編集部、外報部、記事審査部、朝日新聞インターナショナル（シンガポール）などを経て2006年退社。1990年代の外報部時代はソウル特派員として現地取材に当たった。現在、フリージャーナリスト。
著書に『韓国・朝鮮人――「在日」の生活の中で』（講談社文庫）、『夢見た祖国（北朝鮮）は地獄だった』（高木書房）、『「慰安婦虚報」の真実』（小学館）などがある。

交《まじ》わらないから面白《おもしろ》い　日韓《にっかん》の常識《じょうしき》

前川惠司《まえかわけいじ》

2016年9月10日　初版第1刷発行

発行者……………辻 浩明
発行所……………祥伝社しょうでんしゃ
〒101-8701　東京都千代田区神田神保町3-3
電話　03(3265)2081(販売部)
電話　03(3265)2310(編集部)
電話　03(3265)3622(業務部)
ホームページ　http://www.shodensha.co.jp/
装丁者……………盛川和洋
印刷所……………萩原印刷
製本所……………ナショナル製本

Printed in Japan　ISBN978-4-396-11480-0　C0239

〈祥伝社新書〉
話題のベストセラー

379
国家の盛衰
3000年の歴史に学ぶ
覇権国家の興隆と衰退から、国家が生き残るための教訓を導き出す！
上智大学名誉教授 渡部昇一
早稲田大学特任教授 本村凌二

351
英国人記者が見た 連合国戦勝史観の虚妄
信じていた「日本＝戦争犯罪国家」論は、いかにして一変したか？
ジャーナリスト ヘンリー・S・ストークス

371
空き家問題
1000万戸の衝撃
毎年20万戸ずつ増加し、二〇二〇年には1000万戸に達する！ 日本の未来は？
不動産コンサルタント 牧野知弘

420
知性とは何か
日本を襲う「反知性主義」に対抗する知性を身につけよ。その実践的技法を解説
作家・元外務省主任分析官 佐藤 優

440
日韓 悲劇の深層
「史上最悪の関係」を、どう読み解くか
評論家 西尾幹二
拓殖大学国際学部教授 呉 善花

〈祥伝社新書〉
中国・中国人のことをもっと知ろう

223
尖閣戦争
米中はさみ撃ちにあった日本
日米安保の虚をついて、中国は次も必ずやってくる。ここは日本の正念場
西尾幹二
青木直人

301
第二次尖閣戦争
『尖閣戦争』で、今日の事態を予見した両者による対論、再び！
西尾幹二
青木直人

327
誰も書かない中国進出企業の非情なる現実
許認可権濫用、賄賂・カンパ強要、反日無罪、はたしてこれで儲かるのか
青木直人

388
日朝正常化の密約
なぜか誰も書かない恐ろしい真実。日本はいくら支払わされるのか？
ニューズレター・チャイナ編集長
青木直人

378
自衛隊は尖閣紛争をどう戦うか
これがリアルな戦いだ！　元自衛隊中枢の三人の軍事評論家が徹底分析
西村金一
岩切成夫
末次富美雄